Guías HBR
Finanzas
Básicas

Guías Harvard Business Review

Equípate con los consejos necesarios para tener éxito en tu trabajo de la mano de la publicación más fiable del mundo de los negocios. En las Guías HBR encontrarás una gran cantidad de prácticas y consejos básicos de expertos en la materia que te ofrecen una solución inteligente para enfrentarte a los desafíos laborales más importantes.

Títulos publicados en esta colección:

Guías HBR: Controla el Estrés en el Trabajo

Guías HBR: Presentaciones Persuasivas

Guías HBR: Céntrate en el Trabajo Importante

Guías HBR: Gestión de Proyectos

Guías HBR: Mejora tu Escritura en el Trabajo

Guías HBR: Finanzas Básicas

Guías HBR
Finanzas Básicas

REVERTÉ MANAGEMENT

Barcelona, México

HARVARD BUSINESS REVIEW PRESS

Boston, Massachusetts

Guías HBR: Finanzas Básicas
HBR Guide to Finance Basics for Business
Original work copyright © 2012 Harvard Business School
Publishing Corporation
Published by arrangement with Harvard Business Review Press

© Harvard Business School Publishing Corporation, 2012

© **Editorial Reverté, S. A., 2017**
Loreto 13-15, Local B. 08029 Barcelona – España
revertemanagement@reverte.com

© Agnès González Dalmau, 2017, por la traducción

Impreso en España – *Printed in Spain*
ISBN: 978-84-945629-6-9
Depósito legal: B 6640-2017
Impresión y encuadernación: Liberdúplex, S. L. U.

#1452

Qué aprenderás

Si te piden que prepares un análisis del punto de equilibrio, ¿sabes por dónde empezar? ¿Sabes cuál es la diferencia entre una cuenta de resultados y un balance de situación? ¿Y entre margen bruto e ingreso? ¿Sabes por qué una empresa puede irse al traste aunque sea rentable? ¿El hecho de comprender los números de tu empresa te ha ayudado o te ha perjudicado en tu carrera?

Si al leer preguntas como éstas te echas a temblar, has llegado al sitio apropiado. Esta guía te dará las herramientas y la confianza que necesitas para tener unos buenos fundamentos en lo que a las finanzas se refiere, fundamentos que debe tener **todo** buen directivo. Aprenderás a:

- Hablar el lenguaje de las finanzas.

- Comparar los estados financieros de tu empresa con los de tus competidores.

- Evaluar tu vulnerabilidad frente a una crisis del sector.

- Redirigir la atención de tu unidad hacia los beneficios, no hacia los ingresos.

- Utilizar datos financieros para defender tus solicitudes presupuestarias.

- Evitar quedarte sin liquidez... y sin negocio.

- Evitar que los costes destruyan tu beneficio neto.

- Invertir de forma inteligente mediante un análisis de costes y beneficios.

- Vender tu idea brillante con ROI.

- Evitar confiar demasiado en los números.

Índice

Índice

Sección 3: LOS LÍMITES DE LOS DATOS FINANCIEROS

Sección 1
Finanzas básicas. No tengas miedo

"¿Cuál es el ROI del software que quiere comprar tu departamento?"

"El director financiero dice que los beneficios son fantásticos, pero que vamos justos de dinero: todo el mundo debe preservar la liquidez."

"He estado analizando los números y parece que tus comerciales están sacrificando margen bruto por ingresos. ¿Has hablado con ellos de esta cuestión?"

"Nuestros días en inventario van en aumento. Tenemos que encontrar la manera de invertir la tendencia."

"Me preocupa el negocio. Los estados financieros indican que la empresa no está invirtiendo en nuestro futuro como antes."

Cualquier directivo empresarial ha oído preguntas y comentarios como los anteriores; en ocasiones en boca de un jefe o un director financiero, otras veces en charlas informales con sus compañeros. Sea cual sea la fuente, todos los comentarios tienen algo en común: dan por supuesto que entiendes los fundamentos de las finanzas. La persona que te habla presupone que conoces la jerga, que sabes leer estados financieros y que puedes servirte de herramientas financieras básicas para tomar decisiones.

Pero ¿qué ocurre si no estás seguro de la diferencia entre una cuenta de resultados y un balance de situación, o entre un beneficio y un flujo de caja positivo? ¿Y si no puedes definir *días en inventario* o *periodo medio de cobro*, o no sabes cómo utilizar estos números para mejorar el resultado financiero? ¿Y si alguien te pide que prepares un análisis de rentabilidad sobre la inversión (ROI) y se te hace un nudo en la garganta porque no tienes ni idea de por dónde empezar?

No te desesperes.

Para empezar, no eres el único, en absoluto. Los profesores de finanzas Karen Berman y Joe Knight cuentan en un artículo de la *HBR* («*Are Your People Financially Literate?*», octubre de 2009) que, cuando su Business Literacy Institute, con sede en Los Ángeles, utilizó un test de 21 preguntas sobre finanzas básicas para evaluar una muestra representativa de directivos estadounidenses, la puntuación media fue sólo de un 38%, un suspenso en cualquier clase. (Tras leer esta introducción, tendrás la oportunidad de examinarte con una pequeña muestra de preguntas similares.) Al menos esos directivos sacaron mejores resultados que el grupo de cuadros y directivos de empresas *Fortune 500* que Andrew Ross Sorkin describe en un artículo publicado en el *New York Times* el 3 de septiembre de 2002 («*Back to School, But This One Is for Top Corporate Officials*»). En otro test sobre conceptos financieros, igual de básico, estos ejecutivos obtuvieron una puntuación media de un 32%.

Pero existe otro motivo para que no te sientas mal: poner remedio a la situación te resultará fácil. Leer esta guía es una muy buena manera de empezar. En la primera sección te presentamos los términos clave y los tres estados financieros principales. En la siguiente, aprenderás a utilizar algunas herramientas financieras esenciales. Así podrás tomar mejores decisiones para mejorar el desempeño de tu departamento. La sección final deja de lado los números y enfatiza la importancia de no bajar nunca la guardia. Ciertamente las finanzas son una ciencia, pero también son un arte, y cuando utilices sus herramientas tendrás que entender siempre el contexto en el que se inscribe lo que estás haciendo.

¿Para qué todo esto? El motivo es sencillo: todo negocio opera a partir de datos financieros. Si no conoces las herramientas financieras, no podrás aprovechar esta información. Si ni siquiera conoces el lenguaje de las finanzas, no podrás participar en la conversación sobre el estado tu empresa, por lo que tu carrera se podría ver perjudicada. Al finalizar la presente guía, habrás iniciado el camino para entender el lenguaje de las finanzas y utilizar sus herramientas. También estarás mejor situado para realizar un par de cursos avanzados, por así decirlo, recurriendo a fuentes que profundicen en el tema.

¿Te preocupa que los conceptos financieros sean demasiado complejos o que no puedas entender las matemáticas necesarias? Tranquilo, aprender los fundamentos de las finanzas no equivale a estudiar para convertirte en un profesional de los números. Los expertos en finanzas normalmente tienen que formarse al menos durante dos años y luego deben dedicar mucho tiempo a adquirir conocimientos especializados mientras trabajan. Esta guía no te dará toda la información, sólo aborda los conceptos básicos. Y las matemáticas que se necesitan para utilizar herramientas financieras son relativamente sencillas. No suelen ser más complicadas que la aritmética que utilizabas en la escuela, y los cálculos un poco más complejos se pueden hacer fácilmente con una calculadora o una computadora.

¿Preparado? Realiza el test de la página siguiente. Las respuestas están al final de la guía, pero no las mires aún. Después de leer todo el libro, podrás volver a hacerlo (en la página 159) y así podrás comparar tus resultados. Podrás comprobar cuánto has aprendido.

Test de finanzas

¿Conoces los fundamentos?

Esta prueba con diez preguntas no está pensada para medir toda tu inteligencia financiera, pero te permitirá hacerte a la idea de los principios básicos que debes conocer para ser mejor directivo. Cuando termines de leer la guía, podrás volver a realizar el test y comparar las puntuaciones. Si no sabes la respuesta, es mejor que marques «no lo sé» que intentar adivinarlo. Así podrás valorar mejor tus progresos después.

Las siguientes preguntas han sido elaboradas con la ayuda del Business Literacy Institute de Los Ángeles. En la web www.business-literacy.com se puede adquirir un test de inteligencia financiera más exhaustivo.

1. **La cuenta de resultados mide:**
   a. La rentabilidad.
   b. Activos y pasivos.
   c. La liquidez.
   d. Todo lo anterior.

2. Una venta a crédito se consigna en la cuenta de resultados como un ingreso, ¿pero cómo se consigna en el balance de situación?
   a. Cuentas por cobrar.
   b. Un activo a largo plazo.
   c. Un pasivo a corto plazo.
   d. Flujo de caja de explotación.

3. ¿Qué ocurre cuando una empresa es rentable pero los cobros se retrasan con respecto a los pagos a proveedores?
   a. La empresa está bien, pues los beneficios siempre se convierten en efectivo.
   b. La empresa tiene muchas posibilidades de quedarse sin dinero.
   c. La empresa debe centrarse en los EBIT.
   d. El estado de flujo de caja tendrá un beneficio neto negativo.

4. ¿Cómo se calcula margen de beneficio bruto?
   a. Coste de mercancías vendidas/ingresos
   b. Beneficio bruto/beneficio neto
   c. Beneficio bruto/ingresos
   d. Ventas/beneficio bruto

5. ¿Qué estado financiero muestra las variaciones en algunas partes del balance de situación?
   a. La cuenta de resultados.
   b. El estado de flujo de caja.
   c. Ninguno de los dos.
   d. Ambos.

6. **El EBIT es una medida importante de una empresa porque:**
   a. Es flujo de caja libre.
   b. Resta intereses e impuestos del beneficio neto para obtener una imagen más real del negocio.
   c. Indica la rentabilidad de las operaciones de la empresa.
   d. Es la medida esencial del beneficio antes de costes indirectos y transferencias.

7. **Los siguientes son todos gastos de explotación salvo:**
   a. Costes de publicidad.
   b. Salarios administrativos.
   c. Costes incurridos en investigación y desarrollo.
   d. Entrega de materias primas.

8. **Los recursos propios de una empresa aumentan cuando ésta:**
   a. Incrementa sus activos con deuda.
   b. Reduce su deuda saldando préstamos con efectivo de la empresa.
   c. Aumenta su beneficio.
   d. Todo lo anterior.

9. **Una empresa tiene más liquidez hoy cuando:**
   a. Los clientes pagan sus facturas antes.
   b. Aumentan las cuentas por cobrar.
   c. Aumenta el beneficio.
   d. Aumenta el beneficio retenido.

10. **¿Cuál de los siguientes ítems no forma parte del fondo de maniobra?**
    a. Cuentas por cobrar.
    b. Existencias.
    c. Bienes inmobiliarios, instalaciones y equipos.
    d. Todos los anteriores forman parte del fondo de maniobra.

Principales estados financieros

¿Qué posee tu empresa y qué deudas tiene con terceros? ¿Cuáles son sus fuentes de ingresos y cómo se ha gastado su dinero? ¿Cuántos beneficios ha obtenido? ¿Cuál es el estado de su salud financiera? Podrás responder a estas preguntas consultando los tres principales estados financieros: el **balance de situación**, la **cuenta de resultados** y el **estado de flujo de caja**.

Estos son los documentos esenciales del negocio. Los ejecutivos los utilizan para valorar el desempeño de la empresa e identificar áreas donde actuar. Los accionistas los analizan para estar al tanto de cómo están gestionando su capital. Los inversores externos los utilizan para identificar oportunidades. Las entidades financieras y los proveedores los consultan rutinariamente para determinar la solvencia de las empresas con las que operan.

Adaptado de *Harvard Business Essentials: Finance for Managers* (producto n.º 5788BC), Harvard Business Review Press, 2002

Todos los directivos, independientemente de dónde se encuentren en el organigrama de la compañía, deben tener un buen conocimiento de los estados financieros básicos. Los tres utilizan el mismo formato en cualquier empresa, aunque algunas partidas específicas pueden variar en función de la naturaleza del negocio. Si puedes, consigue copias de los estados financieros más recientes de tu empresa para poder compararlos con los ejemplos que aquí trataremos.

Balance de situación

Las empresas elaboran el balance de situación para resumir su posición financiera en un momento dado, normalmente al finalizar un mes, un trimestre o el ejercicio fiscal. El **balance de situación** muestra qué posee la empresa (sus activos), qué debe (sus pasivos) y su valor contable o patrimonio neto (también conocido como *recursos propios* o *neto patrimonial*).

Los **activos** son todos los recursos físicos que una empresa puede poner a trabajar al servicio del negocio. Esta categoría incluye dinero en efectivo e instrumentos financieros (como acciones o bonos); existencias de materias primas y productos acabados; terrenos, edificios y equipos; y **cuentas por cobrar** de la empresa, es decir, fondos que los clientes le deben por bienes y servicios adquiridos.

Los **pasivos** son deudas a proveedores y a otros acreedores. Si una empresa toma prestado dinero de un banco, ese dinero es un pasivo. Si compra piezas por valor de 1 millón de dólares —y en la fecha del balance de situación aún no las has pagado—, ese millón de dólares será un pasivo. Los fondos que la empresa debe a sus proveedores se conocen con el nombre de **cuentas por pagar**.

Esta definición da lugar a lo que suele conocerse con el nombre de **ecuación fundamental de la contabilidad**:

$$\text{activo} - \text{pasivo} = \text{patrimonio neto}$$

o

$$\text{activo} = \text{pasivo} + \text{patrimonio neto}$$

El balance de situación muestra los activos a un lado del balance y los pasivos y el patrimonio neto al otro. Su objetivo es informar sobre la situación económica y financiera de una empresa. Como su nombre indica, ambos lados del balance deben estar en equilibrio.

Supongamos, por ejemplo, que una empresa informática adquiere de un proveedor de piezas electrónicas placas madre por valor de 1 millón de dólares, con un plazo de pago a 30 días. La compra incrementa los activos de existencias de la empresa en 1 millón de dólares, y sus pasivos —en este caso, sus cuentas por pagar— aumentarán en la misma cantidad. El balance se mantiene en equilibrio. Del mismo modo, si la misma empresa toma prestados 100.000 dólares de un banco, la inyección de efectivo aumentaría tanto sus activos como sus pasivos en 100.000 dólares.

Ahora supongamos que esta empresa tiene 4 millones de patrimonio neto y un incendio quema activos no asegurados por valor de 500.000 dólares. Sus pasivos seguirán siendo los mismos, pero su patrimonio neto —lo que quedará una vez que haya satisfecho sus obligaciones— bajará hasta los 3,5 millones.

Observa cómo el total de activos es igual al total de pasivos más el patrimonio neto en el balance de situación de Percheros SA, la empresa imaginaria cuyas finanzas iremos analizando a lo largo del presente capítulo. El balance de situación (véase la página 15) no sólo describe cuánto tiene la compañía invertido en activos, sino también qué tipo de activos posee, qué parte corresponde a los acreedores (pasivos) y qué parte son recursos propios (patrimonio neto). El análisis del balance de situación puede darte una idea de la eficiencia con la que una empresa utiliza sus activos y gestiona sus pasivos.

Los datos contenidos en un balance de situación son útiles sobre todo cuando se comparan con la misma información de uno o más años. El balance de situación de Percheros SA muestra sus activos, pasivos y patrimonio neto a 31 de diciembre de 2010 y 31 de diciembre de 2009. Compara las cifras y podrás comprobar que Percheros SA está yendo en la buena dirección: ha aumentado su patrimonio neto en 397.500 dólares.

Analicemos más detenidamente cada sección del balance de situación.

Activos

Lo primero de la lista son los **activos fijos (o no corrientes)**, más difíciles de convertir en efectivo. La mayor categoría de activos no corrientes suele ser la de **bienes inmobiliarios, instalaciones y equipos**; para algunas empresas, esta es la única categoría bajo este epígrafe.

Las fusiones y adquisiciones pueden añadir otra categoría de activo: si una empresa ha adquirido otra compañía por un precio por encima del valor justo de mercado de sus activos, la diferencia se conoce como **fondo de comercio** y debe quedar registrada. Se trata de una ficción contable, pero el fondo de comercio suele incluir elementos intangibles con valor real, como las marcas, la propiedad intelectual o la reputación que haya acumulado la empresa.

Puesto que, salvo los terrenos, los activos no corrientes no duran para siempre, la empresa debe cargar una parte de su coste a los ingresos durante su vida útil estimada. Es la operación conocida como amortización, y el balance de situación muestra la **amortización acumulada** para todos los activos no corrientes de la empresa. El valor de bienes inmobiliarios, instalaciones y equipos menos la amortización acumulada es igual al valor contable actual de bienes inmobiliarios, instalaciones y equipos.

Para finalizar, el **activo circulante (o corriente)**: las existencias, las cuentas a cobrar, los valores negociables y el efectivo en caja. En términos generales, el activo circulante puede convertirse en efectivo en menos de un año.

Pasivos y neto patrimonial

El balance de situación muestra, en efecto, cómo se pagaron los activos: con dinero prestado (pasivo), capital de los propietarios o ambos.

Como hemos explicado antes, si restamos todos los pasivos del total de activos nos queda el patrimonio neto. En éste se incluye el **beneficio no distribuido** (beneficio neto que se acumula en el balance de una compañía después de repartir los dividendos entre los accionistas) y el **capital desembolsado** (capital recibido a cambio de acciones).

Ahora prestemos atención a las obligaciones de la compañía.

Los **pasivos a largo plazo** suelen ser bonos e hipotecas: deudas que por contrato la empresa está obligada a reembolsar en un periodo de tiempo mayor a un año.

La categoría de **pasivo corriente** representa el dinero que debe a acreedores y otros, y que normalmente deberá abonar en el plazo de un año. Incluye préstamos a corto plazo, sueldos devengados, impuestos sobre ingresos devengados, cuentas por pagar, así como la obligación actual de reembolso de un préstamo a largo plazo.

Coste histórico

Es posible que las cifras del balance de situación no se correspondan con los valores reales de mercado, salvo si se trata del dinero en efectivo, las cuentas por cobrar o las cuentas por pagar. La razón es que los contables deben registrar la mayoría de los elementos a su coste histórico. Por ejemplo, si el balance de una empresa incluye un terreno por valor de 700.000 dólares, este número se refiere a lo que pagó la empresa por él cuando lo compró. Si lo adquirió en el centro de San Francisco en 1960, podemos tener la certeza de que ahora su valor será inmensamente mayor que la cifra consignada en el balance de situación. Entonces ¿por qué utilizan los contables valores históricos en lugar del valor de mercado? La respuesta breve es que se trata del mal menor. Si hubiera que registrar los valores de mercado, entonces cualquier empresa que cotice en bolsa tendría que realizar una tasación profesional de todas sus propiedades, existencias en almacén, etc., y lo tendría que hacer todos los años, lo que sería una pesadilla logística.

Balance de Percheros SA,
a 31 de diciembre de 2010 y 2009

	2010	2009	Aumento (Disminución)
Total activo no corriente	1.767.000	1.609.500	157.500
Bienes inmobiliarios, instalaciones y equipos: bruto	2.100.000	1.900.000	200.000
Menos: amortización acumulada	333.000	290.500	(42.500)
Total activo corriente	2.165.500	1.851.500	314.000
Existencias	835.000	755.000	80.000
Cuentas por cobrar	555.000	512.000	43.000
Gastos anticipados	123.000	98.000	25.000
Efectivo y valores negociables	652.500	486.500	166.000
Total activos	3.932.500	3.461.000	471.500

	2010	2009	Aumento (Disminución)
Pasivos y neto patrimonial	2.182.500	1.785.000	397.500
Capital desembolsado	900.000	850.000	50.000
Beneficio retenido	1.282.500	935.000	347.500
Total pasivos	1.750.000	1.676.000	74.000
Total Pasivo no corriente	1.000.000	1.016.000	(16.000)
Deuda a corto plazo	435.000	500.000	(65.000)
Impuesto sobre la renta por pagar	17.000	9.000	8.000
Cuentas por pagar	98.000	77.000	21.000
Gastos acumulados	450.000	430.000	20.000
Total pasivos y neto patrimonial	3.932.500	3.461.000	471.500

¿DÓNDE ESTÁN LOS ACTIVOS HUMANOS?

Cuando se analizan los estados financieros de una empresa para conocerla mejor, suele observarse que el balance de situación tradicional no refleja el valor y el potencial de beneficios del capital humano y otros elementos intangibles. (Recuerda que los elementos intangibles incluidos en el fondo de comercio sólo aparecen cuando una empresa adquiere otra empresa y la cifra sólo representa el valor intangible de la compañía adquirida en el momento de la compra.) La ausencia de elementos intangibles en el balance es especialmente significativa en el caso de empresas basadas en el conocimiento, cuyas habilidades, propiedad intelectual, valor de marca y relaciones con los clientes pueden constituir sus activos más productivos. En efecto, un estudio realizado hace unos años por Baruch Lev en la Universidad de Nueva York reveló que el 40% de la valoración de mercado de una compañía media no se ve reflejado en su balance de situación. En el caso de las empresas de alta tecnología, el porcentaje subía hasta el 50%. Así pues, directivos e inversores deben ver más allá del ladrillo, los equipos y el efectivo que conforman los activos del balance para determinar el valor real de una compañía.

Cómo te afecta el balance de situación

Aunque el balance de situación está preparado por contables, está lleno de información importante para los directivos no financieros. En apartados posteriores de esta guía, aprenderás a utilizar los ratios del balance para gestionar tu propia área. Por el momento, vamos a analizar un par de maneras en las que los números del balance revelan la eficiencia de las operaciones de una empresa.

Fondo de maniobra

Si restamos el pasivo corriente del activo corriente, obtendremos el **fondo de maniobra (o capital de trabajo) neto** de la empresa o la cantidad de dinero inmovilizada en las operaciones actuales. Un cálculo rápido a partir de su balance más reciente indica que Percheros SA tenía 1.165.500 dólares de fondo de maniobra neto a finales de 2010.

Los gestores financieros prestan especial atención al nivel del fondo de maniobra, que normalmente se amplía o se contrae con el nivel de ventas. Un fondo de maniobra demasiado pequeño puede poner una empresa en una mala situación: puede impedirle pagar las facturas o aprovechar oportunidades rentables. Pero un fondo de maniobra demasiado grande reduce la rentabilidad, ya que este capital debe financiarse de algún modo, normalmente a través de préstamos con interés.

Las **existencias (o inventario)** son un componente del fondo de maniobra que afecta de forma directa a muchos directivos no financieros. Como con el fondo de maniobra en general, existe una tensión entre tener demasiadas existencias y tener demasiado pocas. Por un lado, tener muchas existencias resuelve problemas empresariales. La compañía puede servir los pedidos de los clientes sin demoras y el inventario actúa como un amortiguador frente a posibles paros de la producción o interrupciones en el flujo de materias primas o piezas. Por el otro, cada elemento del inventario debe estar financiado y el valor de mercado de las propias existencias puede disminuir mientras permanezcan en los estantes.

Los primeros años del negocio de las computadoras personales nos dan un ejemplo dramático de hasta qué punto un exceso de inventario puede afectar a los beneficios de una empresa. Algunos analistas estimaron que el valor del inventario de productos acabados —computadoras ya fabricadas— se esfumaba a un ritmo aproximado de un 2% **al día** a causa de la obsolescencia tecnológica que se producía en un sector en rápida evolución. A mediados de los años noventa Apple sufrió mucho por las crisis de inventario. Hasta que la empresa no pudo reducir drásticamente sus existencias rediseñando sus operaciones, tuvo que lanzar sus componentes obsoletos y productos acabados al mercado con descuentos enormes. En cambio, su empresa rival, Dell, fabricaba las computadoras bajo pedido, por lo que funcionaba sin ningún inventario de productos acabados y con un almacén de componentes relativamente pequeño. La fórmula del éxito de Dell fue una cadena de suministro y un sistema de montaje que trabajaban a tal velocidad que la empresa podía fabricar sus PC según las especificaciones del cliente. Las computadoras Dell acabadas no pasaban semanas en los estantes de un almacén, sino que iban directamente de la cadena de montaje a los camiones de reparto. La lección que los directivos deben sacar de esta situación es la siguiente: diseña tus operaciones de modo que se minimice el inventario.

Apalancamiento financiero

El uso de dinero prestado para adquirir un activo es lo que se conoce como **apalancamiento financiero**. Se dice que una empresa está fuertemente apalancada cuando el porcentaje de deuda en su balance es elevado con respecto al capital invertido por los propietarios. (El **apalancamiento operativo**, en cambio, es la medida en la que los gastos de funcionamiento de la empresa son fijos en lugar de variables. Por ejemplo, una compañía que se basa en fuertes inversiones en maquinaria y muy pocos trabajadores para producir sus bienes tiene un alto grado de apalancamiento operativo.)

El apalancamiento financiero puede aumentar la rentabilidad de una inversión, pero también incrementa el riesgo. Por ejemplo, supongamos que pagas 400.000 dólares por un activo, de los cuales 100.000 dólares son de tus fondos y 300.000 dólares son dinero prestado. Para simplificar, no tendremos en cuenta pagos de préstamos, impuestos ni ningún flujo de caja que podamos obtener de la inversión. Pasan cuatro años y el valor de tu activo se ha incrementado hasta los 500.000 dólares. Ahora decides venderlo. Tras abonar tu préstamo de 300.000 dólares, acabas con 200.000 dólares en el bolsillo: tus 100.000 dólares originales y 100.000 dólares de beneficios. Eso constituye una ganancia del 100% sobre tu capital personal, aunque el valor del activo sólo haya aumentado un 25%. Ha sido posible gracias al apalancamiento financiero. Si hubieses financiado toda la compra con tus fondos (400.000 $), habrías obtenido una ganancia de sólo el 25%. En Estados Unidos y muchos otros países, las políticas fiscales hacen que el apalancamiento financiero resulte aún más atractivo porque permiten que las empresas traten los intereses pagados en préstamos como gastos del negocio deducibles.

Pero el apalancamiento también puede tener el efecto contrario. Si el valor de un activo cae o si no consigue generar el nivel previsto de ingresos, entonces el apalancamiento resulta perjudicial para el propietario del activo. Consideremos qué habría ocurrido en nuestro ejemplo si el valor del activo se hubiese reducido en 100.000 dólares, es decir, hasta 300.000 dólares. El propietario tendría que devolver el préstamo inicial de 300.000 dólares y se quedaría sin nada. Toda la inversión de 100.000 dólares habría desaparecido.

Estructura financiera de la empresa

Los posibles efectos negativos del apalancamiento financiero son el motivo por el que los directores ejecutivos (CEO), sus ejecutivos financieros y los miembros del consejo de administración se abstienen de maximizar la financiación de la empresa mediante endeudamiento. Lo que buscan es una estructura financiera que cree un equilibrio realista entre deuda y fondos propios en el balance de situación. Si bien el apalancamiento aumenta el potencial de rentabilidad de una compañía siempre y cuando las cosas salgan bien, los directivos saben que cada dólar de deuda aumenta el riesgo, tanto por el peligro que acabamos de comentar como por el hecho de que una deuda elevada implica altos costes por intereses, que deben pagarse tanto en épocas de vacas gordas como en épocas de vacas flacas. Muchas empresas han quebrado cuando un revés empresarial o una recesión reduce su capacidad de pagar puntualmente sus préstamos.

Así pues, cuando los acreedores e inversores estudian balances corporativos, analizan minuciosamente el ratio deuda/recursos propios. Tienen en cuenta el nivel de riesgo del balance de situación para fijar los intereses que piden por los préstamos y la rentabilidad que esperan de los bonos de una compañía. Por ejemplo, es posible que una empresa fuertemente apalancada tenga que pagar un tipo de interés dos o tres veces más elevado que otra empresa menos endeudada. Los inversores también piden una tasa de rendimiento más alta por sus inversiones en acciones de compañías fuertemente apalancadas. No asumirán grandes riesgos si la rentabilidad prevista no es igual de grande.

Cuenta de resultados

A diferencia del balance, que es una instantánea de la situación de una empresa en un momento dado, la **cuenta de resultados** muestra los resultados empresariales acumulados durante un determinado marco temporal, como un trimestre o un año. Nos informa de si la empresa está obteniendo beneficios o si tiene pérdidas, es decir, si tiene beneficios netos positivos o negativos, y cuántos son. Por eso la cuenta de resultados también recibe el nombre de **cuenta de pérdidas y ganancias**. La cuenta de resultados también nos detalla los ingresos y los gastos que ha tenido la compañía durante el periodo de tiempo que cubre. Conocer sus ingresos y beneficios nos permite determinar el **margen de beneficio** de la empresa.

Como en el caso del balance de situación, podemos representar el contenido de la cuenta de pérdidas y ganancias con una ecuación sencilla:

$$\text{ingresos} - \text{gastos} = \text{resultado}$$

Una cuenta de resultados empieza con las **ventas o ingresos** de la compañía. Principalmente se trata del valor de los bienes o servicios ofrecidos a los clientes, pero la empresa también puede tener ingresos de otras fuentes. Debe tenerse en cuenta que los ingresos en muchos casos no son lo mismo que el efectivo. Si una empresa vende bienes por valor de 1 millón de dólares en diciembre de 2010 y envía la factura a final de mes, por ejemplo, ese millón en ventas se consigna como ingresos del año 2010, aunque el cliente aún no haya pagado la factura.

Luego se restan de esos ingresos distintos tipos de gastos: los costes para fabricar y almacenar los bienes de la compañía, los gastos administrativos, la amortización de la fábrica y los equipos, los costes en intereses y los impuestos. El resultado —lo que queda— es el **beneficio o la pérdida neta** (**resultado neto o resultado del ejercicio**) del periodo que cubre el estado financiero.

Veamos ahora las distintas partidas de la cuenta de resultados de Percheros SA (véase la página siguiente). El **coste de mercancías vendidas (CMV)** representa los costes directos para fabricar los percheros. Esta cifra incluye materias primas, como la madera, y todo lo necesario para convertir dichos materiales en bienes acabados, como la mano de obra. Si a los ingresos le restamos el coste de las mercancías vendidas, obtenemos el **beneficio bruto** de Percheros SA, una medida importante del desempeño financiero de una compañía. En el año 2010, su beneficio bruto fue de 1.600.000 dólares.

Cuenta de resultados de Percheros SA

	PARA EL EJERCICIO FINALIZADO EL 31 DE DICIEMBRE DE 2010
Ventas al por menor	2.200.000
Ventas corporativas	1.000.000
Total ingresos de ventas	3.200.000
Menos: Coste de mercancías vendidas	1.600.000
Beneficio bruto	1.600.000
Menos: Gastos de explotación	800.000
Menos: Gastos de amortización	42.500
EBIT	757.500
Menos: Coste en intereses	110.000
Beneficios antes de impuestos sobre la renta	647.500
Menos: Impuestos sobre la renta	300.000
Beneficio neto	347.500

La siguiente gran categoría de costes son los **gastos de explotación**, que incluyen los salarios de empleados administrativos, el alquiler de las oficinas, los costes de ventas y comercialización, y otros gastos no relacionados directamente con la fabricación de un producto o el suministro de un servicio.

La amortización aparece en la cuenta de resultados como un gasto, aunque en realidad no implique un pago directo. Como hemos explicado anteriormente, es una manera de determinar el coste de un activo a lo largo de su vida útil estimada. Por ejemplo, podemos prever que un camión durará cinco años. La compañía no contabilizará todo el coste del camión como un gasto en la cuenta de resultados en el primer año; amortizará la cantidad a lo largo de los cinco años.

Si al beneficio bruto le restamos los gastos de explotación y la amortización, obtenemos el **beneficio de explotación** o **resultado de explotación** de la compañía. A esto se le suele llamar **beneficios antes de intereses e impuestos, BAII** o **EBIT** (por sus siglas en inglés: *earnings before interest and taxes*), como indica la cuenta de resultados de Percheros SA.

Los últimos gastos de la cuenta de resultados suelen ser los costes financieros y los impuestos. Si obtenemos un número positivo de beneficio neto después de restar todos los gastos, como ocurre con Percheros SA, entonces la empresa es rentable.

Comparaciones plurianuales

Como en el caso del balance de situación, la comparación de las cuentas de resultados de varios años nos revela mucho más que el análisis de un solo estado de pérdidas y ganancias. Permite observar tendencias, cambios de rumbo y problemas recurrentes. Las memorias anuales de muchas empresas ofrecen datos de los últimos cinco años o más.

En la cuenta de resultados plurianual de Percheros SA (véase la página 27), puedes ver que las ventas al por menor anuales van creciendo de forma sostenida, mientras que las ventas corporativas han bajado un poco. Sin embargo, los gastos de explotación han permanecido más o menos igual, incluso cuando las ventas han aumentado. Es señal de que el equipo directivo está manteniendo a raya los costes de la actividad empresarial. Los gastos financieros también han disminuido, tal vez porque la compañía ha terminado de pagar uno de sus préstamos. El resultado del ejercicio, el beneficio neto, muestra un crecimiento saludable.

Cómo te afecta la cuenta de resultados

De los tres estados financieros, la cuenta de resultados es el que tiene más importancia para el trabajo de un directivo. El motivo es que la mayoría de los directivos son de algún modo responsables de alguna de sus partidas:

Generar ingresos

En cierto sentido, en una empresa casi todo el mundo contribuye a generar ingresos —la gente que diseña y fabrica los bienes o suministra el servicio, quienes tratan directamente con los clientes, etc.—, pero ésta es la principal responsabilidad de los departamentos de ventas y marketing. Si los ingresos que generan una tienda o un producto aumentan más rápido que los de una tienda o producto de la competencia, es razonable suponer que el personal de ventas y marketing está haciendo un buen trabajo.

Es esencial que los directivos de dichos departamentos entiendan la cuenta de resultados para que puedan equilibrar gastos e ingresos. Si los representantes comerciales ofrecen demasiados descuentos, por ejemplo, puede que reduzcan el beneficio bruto de la empresa. Si el departamento de marketing gasta demasiado dinero en busca de nuevos clientes, se verá perjudicado el beneficio de explotación. Es responsabilidad del directivo hacer un seguimiento de estos números, así como de los ingresos.

Gestionar presupuestos

Dirigir un departamento significa trabajar dentro de los objetivos de un presupuesto. Si supervisas una unidad de tecnología de la información o recursos humanos, por ejemplo, quizá tengas cierta influencia en los ingresos, pero lo que es seguro es que tendrás que vigilar de cerca los gastos de tu departamento, pues todos estos gastos afectarán a la cuenta de resultados. Los gastos de los departamentos de personal suelen aparecer en la partida de gastos de explotación. Si inviertes en algún bien de capital —un software complejo, por ejemplo—, harás aumentar la partida de amortización.

Con un análisis minucioso de las cuentas de resultados de tu empresa a lo largo del tiempo, descubrirás oportunidades y también limitaciones. Supongamos que quieres que te autoricen contratar a una o dos personas más. Si los gastos de explotación como porcentaje de las ventas muestran una tendencia hacia abajo, tendrás más argumentos para conseguirlo que si la tendencia es hacia arriba.

Gestionar una cuenta de pérdidas y ganancias

Muchos directivos tienen una responsabilidad directa en el estado de pérdidas y ganancias, es decir, son responsables de toda una sección de la cuenta de resultados. Probablemente ésta será tu situación si gestionas una unidad de negocio, una tienda, una fábrica o una delegación, o si te encargas de supervisar una línea de producto. La cuenta de resultados de la que tú eres responsable no es como la de toda la empresa. Por ejemplo, es poco probable que incluya los gastos financieros y otros gastos generales, salvo como una «asignación» al final del ejercicio. No obstante, tu trabajo consiste en gestionar la generación de ingresos y costes de modo que tu unidad o producto contribuya al beneficio de la empresa tanto como sea posible. Para ello, necesitas entender y seguirle la pista a los ingresos, el coste de las mercancías vendidas y los gastos de explotación.

Cuenta de resultados plurianual de Percheros SA

PARA EL EJERCICIO FINALIZADO EL 31 DE
DICIEMBRE

	2010	2009	2008
Ventas al por menor	2.200.000	2.000.000	1.720.000
Ventas corporativas	1.000.000	1.000.000	1.100.000
Total ingresos de ventas	3.200.000	3.000.000	2.820.000
Menos: Coste de mercancías vendidas	1.600.000	1.550.000	1.400.000
Beneficio bruto	1.600.000	1.450.000	1.420.000
Menos: Gastos de explotación	800.000	810.000	812.000
Menos: Gastos de amortización	42.500	44.500	45.500
EBIT	757.500	595.500	562.500
Menos: Costes en intereses	110.000	110.000	150.000
Beneficios antes de impuestos sobre la renta	647.500	485.500	412.500
Menos: Impuestos sobre la renta	300.000	194.200	165.000
Beneficio neto	347.500	291.300	247.500

Estado de flujo de caja

De los tres principales estados financieros, el **estado de flujo de caja,** también llamado **flujo de efectivo**, es el menos utilizado... y el menos comprendido. Muestra en categorías amplias cómo una empresa ha adquirido y gastado su dinero en efectivo durante un periodo de tiempo determinado. Como es de esperar, los gastos se muestran como cifras negativas y los ingresos como cifras positivas. El resultado de cada categoría es sencillamente el total neto de entradas y salidas de efectivo, y puede ser tanto positivo como negativo.

Este estado financiero consta de tres categorías principales: la categoría de **actividades de explotación** se refiere al efectivo generado y utilizado en las actividades empresariales habituales de la empresa. Incluye todo aquello que no consta explícitamente en las otras dos categorías. La categoría de **actividades de inversión** incluye el dinero en efectivo gastado en bienes de capital y otras inversiones (salidas) y el efectivo obtenido con la venta de tales inversiones (entradas). La categoría de **actividades de financiación** se refiere al efectivo utilizado para reducir deudas, recuperar acciones o pagar dividendos (salidas), y al efectivo obtenido de la venta de préstamos o acciones (entradas).

Estado de flujo de caja de Percheros SA para el ejercicio finalizado el 31 de diciembre de 2010

Beneficio neto	347.500
Actividades de explotación	
Cuentas por cobrar	(43.000)
Existencias	(80.000)
Gastos anticipados	(25.000)
Cuentas por pagar	20.000
Gastos acumulados	21.000
Impuesto sobre la renta por pagar	8.000
Gastos de amortización	42.500
Variación total en activos y pasivos de explotación	(56.500)
Flujo de caja de operaciones	291.000
Actividades de inversión	
Venta de bienes inmobiliarios, instalaciones y equipos	267.000*
Gastos de capital	(467.000)
Flujo de caja de actividades de inversión	(200.000)
Actividades de financiación	
Reducción a corto plazo de deudas	(65.000)
Préstamos a largo plazo	90.000
Capital social	50.000
Dividendos en efectivo para accionistas	—
Flujo de caja de actividades de inversión	75.000
Aumento de efectivo durante el año	166.000

* Presupone que el precio de venta era igual al valor contable; la empresa aún no había empezado a amortizar este activo.

Observando de nuevo el ejemplo de Percheros SA, vemos que en el año 2010 la empresa generó en total un flujo de caja positivo (aumento de efectivo) de 166.000 $. Es la suma del flujo de caja de operaciones (291.000 $), actividades de inversión (−200.000 $) y actividades de financiación (75.000 $).

El estado de flujo de caja muestra la relación entre el beneficio neto, de la cuenta de resultados, y la variación real de efectivo que aparece en las cuentas bancarias de la compañía. En lenguaje de contabilidad, «concilia» el beneficio y el efectivo a través de una serie de ajustes en el beneficio neto. Algunos de ellos son sencillos. La amortización, por ejemplo, es un gasto que no pagamos, por lo que hay que añadirla al beneficio neto si lo que nos interesa es la variación de dinero en efectivo. Otros ajustes cuestan más de entender, aunque los cálculos no sean difíciles de hacer. Por ejemplo, si las cuentas por cobrar de una empresa son más bajas al final del ejercicio de 2010 que al final de 2009, ello significa que tomaron efectivo «extra» de la categoría de operaciones, por lo que también las añadiremos al beneficio neto.

Analicemos ahora en detalle el estado de flujo de caja de Percheros SA correspondiente a 2010.

- **Actividades de explotación.** El beneficio neto (347.500 $) aparece arriba de todo. Esta es la cifra que queremos ajustar y procede directamente de la última fila de la cuenta de resultados. Las cuentas por cobrar, las existencias, los gastos anticipados, las cuentas por pagar, los gastos acumulados y el impuesto sobre la renta por pagar se calculan a partir de los balances de 2010 y 2009. La cifra que aparece en el estado de flujo de caja para cada elemento representa la **diferencia** entre los dos balances. Otra vez, son todo ajustes que nos ayudarán a traducir el beneficio neto en efectivo. Como dijimos, la amortización es un gasto no monetario, por lo que debe añadirse. Entonces se calculan todos los números positivos y negativos para obtener el efectivo neto de operaciones.

- **Actividades de inversión.** En 2010, Percheros SA vendió activos no corrientes —bienes inmobiliarios, instalaciones y equipos— por valor de 267.000 $. Para simplificar, presuponemos que aún no había empezado a amortizar dichos activos. También invirtió 467.000 $ en nuevos activos no corrientes.

- **Actividades de financiación.** Percheros SA redujo su deuda a corto plazo en 65.000 $, incrementó su deuda a largo plazo en 90.000 $ y vendió a inversores acciones por valor de 50.000 $. En 2010 no abonó dividendos a sus accionistas; si lo hubiese hecho, la cantidad habría aparecido bajo el epígrafe de actividades de financiación.

- **Variación de efectivo.** Como apuntamos anteriormente, la variación de tesorería no es más que el total de las tres categorías. Se corresponde exactamente con la diferencia entre las partidas de efectivo de los balances de 2010 y 2009.

El estado de flujo de caja te resultará útil porque indica si tu empresa está consiguiendo convertir sus beneficios en dinero en efectivo, capacidad que en última instancia es lo que le permite ser solvente, es decir, pagar las facturas cuando vencen.

Cómo te afecta el estado de flujo de caja

Si eres un directivo de una gran corporación, las variaciones de tesorería normalmente no tendrán ningún impacto en tu día a día. No obstante, es buena idea mantener al día la liquidez de tu empresa, pues puede afectar a tu presupuesto del año que viene. Si el efectivo es escaso, probablemente te convendrá hacer una planificación conservadora. Si la liquidez es abundante, quizá sea una oportunidad para proponer un presupuesto más alto. Ten en cuenta que una compañía puede ser muy rentable y no disponer de efectivo si, por ejemplo, ha realizado nuevas inversiones o si tiene problemas para recaudar de las cuentas por cobrar.

También es posible que puedas ejercer cierta influencia sobre las partidas que afectan al estado de flujo de caja. ¿Eres responsable del inventario? Piensa que cualquier incorporación al inventario precisa un gasto en efectivo. ¿Trabajas en ventas? Una venta no es venta hasta que no se haya abonado, así que vigila tus cuentas por cobrar. Más adelante te describiremos otras herramientas para gestionar la liquidez.

Dónde encontrar los estados financieros

Toda empresa que cotice en mercados financieros públicos de Estados Unidos debe preparar y divulgar sus estados financieros en una memoria anual para sus accionistas. Una memoria anual suele ir más allá de la obligación de divulgación impuesta por la Comisión de Valores y Bolsa estadounidense, pues generalmente suelen comentar las operaciones que la empresa ha realizado durante el ejercicio y sus perspectivas de futuro. La mayoría de las empresas que cotizan en bolsa también publican memorias trimestrales.

Para obtener más información acerca de una empresa estadounidense, también puedes consultar su formulario anual 10-K. Este documento suele contener abundante y reveladora información acerca de la estrategia de una compañía, su visión del mercado, sus clientes, productos, riesgos y desafíos, etc. Para conseguir el informe 10-K y las memorias anuales y trimestrales de una compañía de Estados Unidos, basta con pedirlas a su departamento de relaciones con el inversor o visitar la página: www.sec.gov/edgar/searchedgar/webusers.htm.

Las empresas privadas o con pocos accionistas no están obligadas por ley a divulgar sus estados financieros completos, pero inversores y prestamistas potenciales naturalmente esperan poder examinarlos. Y muchas empresas dan a conocer sus estados financieros entre los directivos. Si trabajas en una empresa privada y no has visto sus estados financieros, pregunta a alguien del departamento de finanzas si tienes permiso para hacerlo.

RESUMEN

El balance de situación, la cuenta de resultados y el estado de flujo de caja ofrecen tres perspectivas del desempeño financiero de una compañía. Cuentan tres historias diferentes pero relacionadas acerca de cómo le van las cosas a tu empresa desde el punto de vista financiero:

- El **balance de situación** describe el estado financiero de una empresa en un momento concreto. Proporciona una instantánea de sus activos, pasivos y patrimonio neto en un día determinado.

- La **cuenta de resultados** muestra su beneficio neto. Indica cuántos beneficios o pérdidas se generaron durante un periodo de tiempo, normalmente un mes, un trimestre o un año.

- El **estado de flujo de caja** nos dice de dónde vino y a dónde fue el efectivo de una empresa. Muestra la relación entre el beneficio neto y la variación de tesorería registrada de un balance de situación a otro.

Conjuntamente, estos tres estados financieros pueden ayudarte a entender cómo le van las cosas a tu empresa o a cualquier otro negocio.

Las leyes fundamentales de los negocios

David Stauffer

¿Por qué estaba una editorial dispuesta a pagarle al presidente de General Electric, Jack Welch, un asombroso avance de 7 millones de dólares por un libro sobre su carrera? Según el consultor en administración de empresas de Dallas Ram Charan, autor de *What the CEO Wants You to Know* y otros libros, la respuesta tiene mucho que ver con la capacidad de Welch para desentrañar complejidades: pensar y hablar de su vasto conglomerado empresarial como si se tratara de una simple tienda de barrio. En opinión de Charan, el conocimiento de algunas medidas financieras junto con una perspectiva amplia de la empresa puede ayudarte a valorar cualquier compañía, indepen-

Adaptado de *Harvard Management Update* (producto n.º U0104A), abril de 2001.

dientemente de su tamaño o ubicación. «A fin de cuentas —afirma— los negocios son muy simples. Los negocios se rigen por leyes universales, tanto si el negocio en cuestión es un puesto de fruta como si es una compañía de la lista *Fortune 500*.»

Medidas de la generación de dinero

Tener visión para los negocios significa —escribe Charan— ser «capaz de entender los componentes que permiten que un negocio gestionado por una sola persona o una gran empresa hagan dinero». Los problemas surgen cuando los directivos no entienden con precisión qué significa «ganar dinero». Tres medidas nos ofrecen una perspectiva global acerca de si una empresa está haciendo dinero y, en caso afirmativo, cómo lo hace: crecimiento, generación de efectivo y rentabilidad sobre activos.

Crecimiento

El crecimiento de las ventas a menudo —pero no siempre— es buena señal. Una empresa de modelado por inyección valorada en 16 millones de dólares —expone Charan— «premiaba a sus representantes comerciales en función de cuánto dinero vendían en tapones de plástico, independientemente de si la empresa sacaba un beneficio de los tapones. Cuando la empresa consiguió 4 millones de dólares en nuevas ventas a dos grandes clientes, todo el mundo se hizo ilusiones. Pero en los siguientes tres años, aunque las ventas fueron en aumento, el margen de beneficio fue disminuyendo». Moraleja: «El crecimiento por el crecimiento no es positivo. Tiene que ser rentable y sostenible».

Generación de efectivo

El dinero en efectivo es «el oxígeno de una empresa —señala Charan—; es lo que te permite seguir operando». Aunque tu compañía esté incrementando sus ingresos de forma rentable y consiguiendo una respetable rentabilidad de sus activos, si le falta liquidez —o su flujo de efectivo va a la baja— se verá en apuros. «La generación de efectivo es la diferencia entre todo el dinero en efectivo que entra en el negocio y todo el que sale de él en un determinado periodo de tiempo», explica Charan. Puesto que la mayoría de las empresas dan y reciben crédito, el flujo de caja y el beneficio neto pocas veces coinciden. El dinero en efectivo procedente de operaciones depende en gran medida de dos factores: las **cuentas por cobrar** (el dinero que le deben los clientes) y las **cuentas por pagar** (el dinero que debe a los proveedores).

PERSPECTIVA AMPLIA

El consultor Ram Charan, autor de *What the CEO Wants You to Know*, te anima a «adoptar una perspectiva global» respondiendo a las siguientes preguntas:

- ¿Cuáles fueron las ventas de la compañía durante el año pasado? ¿Las ventas van en aumento, disminuyen o se mantienen?

- ¿Cuál es el margen de beneficio? ¿Va en aumento, disminuye o se mantiene?

(continúa)

(continuación)

- ¿Cómo es el margen de tu empresa comparado con el de la competencia? ¿Y comparado con el de otros sectores?

- ¿Sabes cuál es la rotación de existencias de tu empresa? ¿Y la rotación de sus activos?

- ¿Cuál es su rentabilidad sobre los activos?

- ¿Su generación de efectivo aumenta o disminuye? ¿Por qué?

- ¿Tu empresa está ganando o perdiendo con respecto a la competencia?

Charan recomienda investigar continuamente dónde se genera efectivo, cómo se emplea y si entra en cantidades suficientes. Si no hay bastante, por supuesto, deberás averiguar los motivos.

Rentabilidad sobre activos (ROA)

La rentabilidad sobre activos o ROA (por su siglas en inglés: *Return On Assets*) de una empresa es su beneficio neto dividido por el valor medio de sus activos durante un periodo de tiempo determinado. Esta medida, normalmente expresada en forma de porcentaje, indica si la empresa utiliza bien sus activos —incluyendo efectivo, cuentas por cobrar, inventario, edificios, vehículos y maquinaria—

para hacer dinero. Gracias al ROA, los directivos pueden entrever el —a menudo ausente— tercer elemento de la tríada llamada VGA: ventas, gastos y activos. «Por debajo del nivel del equipo directivo —explica Chuck Kremer, profesor de finanzas y coautor de *Managing by the Numbers*—, muchas de las personas que toman decisiones sólo ven su parte de la cuenta de resultados», que no tiene que ver con los activos. No obstante, todos los empleados, tanto si se dan cuenta de ello como si no, participan en la gestión de cierta porción de los activos de la empresa.

Para mucha gente, gestionar activos equivale a vigilar el beneficio bruto (ventas totales menos todos los costes directamente vinculados a crear los productos o servicios de la empresa). Pero eso es sólo parte del desafío, afirma Charan. La otra medida que debe controlarse simultáneamente es la **rotación**: a qué velocidad se mueve un activo determinado «a través de una empresa hasta llegar al cliente».

En tiempos de intensa competencia de precios, por ejemplo, las empresas suelen ver que su margen bruto se reduce. En esta situación, aumentar la rotación de los activos ayuda a proteger el ROA de una empresa, pues conseguirá más con menos activos. Es la estrategia que tantos éxitos le reportó a Dell Computer durante los años noventa. Como señala Charan, externalizando gran parte de la fabricación de componentes, Dell esencialmente se convirtió en una empresa ensambladora: cada computadora se configuraba en función de las especificaciones del cliente y se entregaba en menos de una semana. Dell recortó costes reduciendo su almacén e incrementando su **rotación de inventarios** —es decir, el número de veces al año que sustituía sus existencias— hasta un nivel mucho más alto que el de la mayoría de los fabricantes.

«El problema de que muchos directivos pierdan de vista la A, o la parte de los activos [de la VGA], no suele evidenciarse cuando las cosas van bien —apunta Kremer—. Cuando el negocio pierde velocidad es cuando el ROA marca la diferencia. Y son las empresas como General Motors, que ponen siempre el énfasis en la A y gestionan permanentemente las cuentas por cobrar, los activos no corrientes y las existencias, las que salen adelante tanto en tiempos de recesión como en épocas de prosperidad.»

Piensa como un propietario

Un directivo que entiende correctamente el crecimiento, la generación de efectivo y el ROA puede contrarrestar la tendencia habitual a pensar y actuar sólo dentro de su «parcela» (departamento o unidad). «Nadie negará que formamos parte del equipo constituido por todos los departamentos de la empresa —señala Kremer—, pero la pregunta que cada uno debe hacerse es: ¿cómo puedo hacer una contribución al equipo si no entiendo cómo mis acciones de marketing afectan al departamento de ingeniería o producción?»

Entender desde una perspectiva amplia las medidas financieras básicas tiene beneficios muy prácticos, según Thomas Kroeger, vicepresidente ejecutivo de Organización y Recursos Humanos de Office Depot. «La principal ventaja es que nos ayuda a ir al grano más allá de cualquier confusión o desorden», explica, y añade que el rápido crecimiento de Office Depot necesariamente puso más distancia entre el CEO y los jefes de tienda. Kroeger cuenta un incidente significativo que ocurrió durante una reunión de los directores de tienda de un distrito, que habían propuesto que cada tienda contratase a una persona para dar la bienvenida a los clientes. Para cada una de las tiendas esto no representaba un compromiso financiero enorme. Pero cuando los directores de tienda se detuvieron un momento a pensarlo se dieron cuenta de que llevar a la práctica esta idea implicaría un coste de 25 millones de dólares al año. «Se quedaron perplejos —recuerda Kroeger—. Pero dieron un giro fundamental: pasaron de tener la perspectiva de un director de tienda a adoptar la perspectiva del *propietario* de la tienda».

En la empresa Alcoa Packaging Machinery de Englewood (Colorado, Estados Unidos), una iniciativa de formación en finanzas ayudó a fomentar la perspectiva de propietario entre todos los empleados. «Los trabajadores de cada una de las diez unidades de fabricación toman decisiones que les afectan a ellos», explica el representante sindical de los maquinistas, Garry Harper. ¿Tenemos que trabajar este sábado? ¿Tenemos que comprar las nuevas herramientas que necesitamos este mes? A la hora de tomar una decisión al respecto tienen en cuenta la perspectiva general de la empresa. Además, todos los empleados reciben información mensual sobre las principales medidas financieras del desempeño de toda la empresa en reuniones de unidad y a través de la intranet de la compañía. «Cada unidad también recibe su propia cuenta de pérdidas y ganancias mensual —añade Harper—. Te aseguro que todos los empleados saben o pueden saber cómo contribuye su unidad al desempeño global de la empresa.»

Crecimiento, generación de efectivo y rentabilidad sobre activos: éstos son los tres conceptos que, junto con el foco centrado en los clientes, conforman el núcleo del que se derivan el resto de los elementos de un negocio, asegura Charan.

David Stauffer es el jefe de la empresa de escritura corporativa Stauffer Bury, con sede en Red Lodge (Montana, Estados Unidos).

Sección 2
Tomar buenas decisiones y mover los números

Parte de tu trabajo como directivo consiste en ayudar a la empresa a alcanzar sus objetivos financieros: dicho de otro modo, ayudar a mover los números clave en la dirección adecuada. Ahora ya deberías tener una idea de cuáles son esas cifras. La **cuenta de resultados** muestra los ingresos, los distintos costes y gastos, subtotales como el beneficio bruto y el beneficio de explotación, y —cómo no— el resultado del ejercicio: el beneficio neto. El **balance de situación** muestra los activos y pasivos, incluyendo las cuentas por cobrar y las cuentas por pagar. El **estado de flujo de caja** muestra en qué medida convierte la empresa sus beneficios en dinero en efectivo y qué hace con ese dinero. Los tres estados financieros son reflejo de las acciones diarias de los directivos y empleados de toda la empresa. La compañía tendrá buena salud financiera si y sólo si esas personas toman y ejecutan buenas decisiones todos los días.

Los artículos de esta sección de la guía te ayudarán a hacerlo. Te capacitarán para ver todo lo que los estados financieros indican, dónde están las palancas y los puntos de presión, así como qué puedes hacer tú para mover los números. Aprenderás a contribuir a generar beneficios, a utilizar los activos (como equipos, existencias y dinero en efectivo) de forma más eficiente, a mejorar el flujo de caja de tu empresa y a analizar potenciales inversiones. Entenderás mejor la relación entre tus responsabilidades y los resultados financieros de tu empresa.

Un directivo con experiencia siempre presta especial atención a las operaciones que supervisa y a la gente que forma parte de su equipo. Pero no olvides que, en última instancia, tú y tu equipo son los responsables de la salud financiera de la compañía, por lo que tienes que vigilar los números tan de cerca como cualquier otro aspecto del negocio.

Utilizar los estados financieros para determinar la salud financiera

Por sí mismos, los estados financieros ya te dicen mucho: cuántos beneficios tiene la empresa, dónde se ha gastado el dinero y el tamaño de sus deudas. Pero ¿cómo se *interpretan* todos los números que proporcionan los estados financieros? Por ejemplo, ¿sus beneficios son muchos o pocos? ¿Su nivel de endeudamiento es saludable o no?

El **análisis de ratios** te permite profundizar en la información que presentan los tres estados financieros. Un ratio financiero no es más que dos números clave expresados en relación el uno con el otro. Utilizar ratios te permite

Adaptado de *Pocket Mentor: Understanding Finance* (producto n.º 13197), Harvard Business Review Press, 2007.

comparar el desempeño de tu compañía con el de las empresas de la competencia, los promedios del sector y su propio desempeño en el pasado. Los siguientes ratios son los más comunes y se utilizan en muchos y diversos sectores.

Ratios de rentabilidad

Estas medidas calibran la **rentabilidad** de la compañía: sus beneficios como porcentaje de otros números. Te ayudarán a determinar si los beneficios de tu empresa son saludables o escasos, así como si se mueven en la buena dirección.

- **Rentabilidad sobre activos (ROA).** El ROA indica hasta qué punto utiliza la compañía sus activos para generar beneficios. Es una buena medida para comparar compañías de distintos tamaños. Para calcularlo, basta con dividir el beneficio neto por el total de activos. Por ejemplo, volvamos a los estados financieros de Percheros SA del capítulo «Principales estados financieros» al principio de la primera sección de la guía. La cuenta de resultados indica un beneficio neto de 347.500 $ para 2010, mientras que el balance de situación señala un total de activos de 3.932.500 $ a 31 de diciembre del mismo año. Si hacemos el cálculo, veremos que el ROA de Percheros SA es del 8,8%.

- **Rentabilidad sobre recursos propios (ROE).** La rentabilidad sobre recursos propios (o ROE por sus siglas en inglés: *Return On Equity*) indica los beneficios como porcentaje de los fondos propios. Es la rentabilidad de la inversión que han hecho los propietarios de la empresa, por lo que ten por seguro que los accionistas compararán este porcentaje con lo que podrían ganar con otras inversiones. Para calcular el ROE, divide el beneficio neto por los recursos propios. En el caso de Percheros SA es 347.500 $ dividido por 2.182.500 $: un 15,9%.

- **Rentabilidad sobre ventas (ROS).** También conocida como **margen de beneficio neto**, la rentabilidad sobre ventas (o ROS por sus siglas en inglés: *Return On Sales*) mide hasta qué punto la empresa controla sus costes y convierte los ingresos en beneficios netos. Para calcular el ROS, hay que dividir el beneficio neto por los ingresos. En 2010, el ROS de Percheros SA fue del 10,9%, o 347.500 $ divididos por 3.200.000 $. En 2009 fue de 291.300 $ divididos por 3.000.000 $: un 9,7%. Así pues, el ROS de Percheros SA está creciendo, una muy buena señal.

- **Margen de beneficio bruto.** El margen de beneficio bruto indica la eficiencia con la que la empresa produce sus bienes o suministra sus servicios, tomando en consideración sólo los costes directos. Para calcular el margen de beneficio bruto, hay que dividir el beneficio bruto por los ingresos. Percheros SA generó en 2010 un beneficio bruto de 1.600.000 $; si lo dividimos por 3.200.000 $ obtenemos un 50% exacto. Es un par de puntos porcentuales más alto que el correspondiente al año anterior, también buena señal.

- **Beneficio antes de intereses e impuestos (EBIT).** La mayoría de los analistas emplean esta medida, también conocida como **margen de explotación**, para calibrar la rentabilidad de las operaciones globales de una empresa, sin considerar cómo se financian ni los impuestos que deba pagar. Para calcularlo, basta con dividir el EBIT por los ingresos. El EBIT de Percheros SA en 2010 fue de 757.500 $. Si lo dividimos por los ingresos, obtenemos un 23,7%. (Como ejercicio, comprueba si el margen del EBIT mejoró con respecto a 2009.)

Ratios de explotación

Los ratios de explotación te permiten evaluar el nivel de eficiencia de una compañía: en concreto, su eficiencia a la hora de poner a trabajar sus activos y gestionar su liquidez.

- **Rotación de activos.** Este ratio indica la eficiencia de una empresa al utilizar todos sus activos —dinero en efectivo, maquinaria, etc.— para generar ingresos. Responde a la siguiente pregunta: ¿cuántos dólares de ingresos obtenemos por cada dólar de activos? Para calcular la rotación de activos, divide los ingresos por el total de activos. En general, cuanto más elevado sea este número, mejor, pero ten en cuenta que puedes aumentar el ratio tanto generando más ingresos con los mismos activos como reduciendo la base de activos de tu negocio, tal vez haciendo disminuir el promedio de cuentas por cobrar.

- **Plazo medio de cobro.** Esta medida, también conocida como **periodo medio de cobro**, nos indica con qué rapidez recauda la empresa los fondos que le deben los clientes. Una empresa que de media tarda 45 días en cobrar necesitará un fondo de maniobra significativamente mayor que una que tarde 25 días. Hay dos maneras de calcularlo. Un método habitual consiste en dividir las cuentas por cobrar finales —cuentas por cobrar el último día del mes o año— por los ingresos diarios durante el periodo recién finalizado.

- **Plazo medio de pago.** Esta medida, también llamada **periodo medio de pago**, señala con qué rapidez paga la empresa a sus proveedores. Cuanto más tarde, en igualdad de otras circunstancias, más liquidez tendrá la compañía. Por supuesto, hay que equilibrar las ventajas de tener más efectivo en la cuenta bancaria con la necesidad de pagar a los proveedores: si nuestro periodo medio de pago es demasiado largo, es posible que nuestros proveedores no quieran hacer más negocios con nosotros. La manera más habitual de calcular este ratio es dividir las cuentas por pagar finales por el CMV (coste de mercancías vendidas) diario.

- **Días en inventario.** Esta medida muestra con qué rapidez la empresa vende sus existencias durante un periodo de tiempo determinado. Cuanto más tarda, más inmovilizado tiene su dinero en efectivo la empresa y mayor es la probabilidad de que el inventario no se venda a su valor completo. Para calcular los días en inventario, o en existencias, divide las existencias medias por el CMV diario.

Ratios de liquidez

Los ratios de liquidez nos informan de la capacidad que tiene la empresa de cumplir con obligaciones a corto plazo como deudas, nóminas o cuentas por pagar.

- **Ratio de liquidez.** Este ratio mide los activos corrientes de la empresa en relación con sus pasivos corrientes. Para calcularlo, hay que dividir el total de activos corrientes por el total de pasivos corrientes. Un ratio próximo a 1 es demasiado bajo: indica que los activos circulantes apenas son suficientes para cumplir con las obligaciones a corto plazo. (Un ratio menor que 1 es señal de problemas inmediatos.) Un ratio significativamente más elevado que la media del sector puede indicar que la empresa pierde rentabilidad, es decir, que retiene demasiado dinero en efectivo que no pone a trabajar o no devuelve a sus accionistas en forma de dividendos.

- **Ratio de tesorería.** Esta relación no es más rápida de calcular que las otras... simplemente mide la capacidad de la empresa de cumplir con sus obligaciones rápidamente. Así pues, no toma en consideración las existencias, que pueden resultar difíciles de liquidar. (Y si tienes que liquidar inventario con rapidez, normalmente obtienes menos por él que si no tienes prisa.) Este ratio también recibe el nombre de **test ácido**, ya que si es menor que 1 es posible que la empresa no pueda pagar las facturas. Para calcular el ratio de tesorería, hay que dividir activos corrientes menos existencias por pasivos corrientes.

Ratios de apalancamiento

Los ratios de apalancamiento nos indican hasta qué punto se endeuda la compañía para sufragar sus operaciones y con qué facilidad puede cubrir el coste de dicha deuda.

- **Cobertura de intereses.** Este ratio valora el margen de seguridad en la deuda de una empresa: dicho de otro modo, cómo es su beneficio comparado con los pagos de intereses durante un periodo determinado. Para calcular la cobertura de intereses, divide los beneficios antes de intereses e impuestos por el coste en intereses de la deuda. En el caso de Percheros SA es 757.500 $ dividido por 110.000 $ o 6,9. Los bancos y otros prestamistas analizan este ratio cuidadosamente; a nadie le gusta prestar dinero a una empresa si sus beneficios no son sustancialmente más elevados que sus obligaciones en intereses.

- **Ratio deuda/capital.** Esta medida indica hasta qué punto utiliza una empresa dinero prestado para ampliar la rentabilidad sobre los fondos propios. Inversores y prestamistas analizan este coeficiente para determinar si una empresa está demasiado apalancada (normalmente en relación con la media del sector) o si, por el contrario, el equipo directivo ha sido demasiado conservador y no utiliza adecuadamente el endeudamiento para generar beneficios. Para calcularlo, hay que dividir el total de pasivos por el neto patrimonial. ¿Cuál es el ratio deuda/capital de Percheros SA? 1.750.000 $ dividido por 2.182.500 $, esto es, 0,80.

Cómo te afecta el análisis de ratios

Los ratios arrojan luz en tres posibles ámbitos de interés:

- **Liquidez.** El ratio de tesorería y el ratio de liquidez pueden indicarte si una empresa podrá pagar las facturas. Si no lo puede hacer fácilmente, es probable que recorte gastos de forma abrupta. Posiblemente tenga que reestructurar sus operaciones.

- **Ventajas y desventajas competitivas.** Comparar los ratios de una compañía con los de la competencia y los promedios del sector suele poner de manifiesto sus puntos fuertes y débiles. Si el ratio deuda/capital de tu empresa es más alto que la media, por ejemplo, puede que la compañía sea especialmente vulnerable a una crisis del sector. Si su margen de EBIT es más alto que los de la competencia, es posible que sus operaciones sean más eficientes que las de las demás empresas.

- **Tendencias de desempeño.** Si el ROS va a la baja —si los costes crecen con respecto a las ventas—, es probable que el equipo directivo empiece a hacer recortes. Pedirán a los directivos que limiten sus presupuestos, tal vez incluso que posterguen contrataciones siempre que sea posible. En cambio, con un ROA o un ROS en aumento seguramente su estado de ánimo sea más expansivo. Es el mejor momento para pedir un presupuesto más generoso, un nuevo puesto para tu departamento o un nuevo bien de producción.

Es importante entender sobre qué ratios tienes influencia y hablar con tu equipo sobre cómo tener un impacto positivo. Por ejemplo:

Ratios de rentabilidad

La mayoría de los jefes de línea tienen una responsabilidad directa respecto al control de costes en su área. Por ejemplo, no sobrepasando tu presupuesto puedes contribuir al ROS de tu empresa. Puede que existan otras maneras de mejorar la rentabilidad. Si trabajas en ingeniería o desarrollo de productos, ¿podrías aportar ideas de nuevos productos que generen ingresos adicionales con buenos márgenes? Si estás en ventas, ¿vigilas el beneficio bruto de lo que tu equipo vende, además del volumen global de ventas? Si trabajas en marketing, ¿puedes encontrar maneras de obtener más por cada dólar que gasta tu departamento? Este tipo de acciones son lo que marca la diferencia en lo que al resultado neto se refiere.

Ratios de explotación

Los jefes de línea influyen sobre los ratios de explotación de varias formas. Los directivos de ventas, por ejemplo, siempre deben verificar que sus representantes no vendan los productos o servicios a demasiados clientes que representen un alto riesgo crediticio. Quizá tengan que trabajar con los representantes y el departamento de crédito para que el plazo medio de cobro se mantenga en un nivel razonable. Los jefes de planta y cualquier persona responsable de las existencias deben comparar los días en inventario de la empresa con los de la competencia y la media del sector. Un inventario más grande de lo necesario precisa un fondo de maniobra más elevado y es probable que el departamento de finanzas acabe preguntando por qué los días en inventario o existencias son tan numerosos.

Ratios de liquidez y apalancamiento

Estos ratios son sobre todo responsabilidad del departamento de finanzas, por lo que los jefes de línea tienen menos influencia sobre ellos. Pero todas las otras acciones a las que nos hemos referido en este capítulo —generar más ingresos, vigilar costes y márgenes de beneficio, recaudar de las cuentas por cobrar, mantener el inventario (y, por lo tanto, el fondo de maniobra) a la mínima expresión— acabarán teniendo un impacto positivo sobre los ratios de liquidez y apalancamiento de la compañía.

Otras valoraciones financieras

Otras maneras de valorar la salud de una empresa son la evaluación financiera, el valor económico añadido (EVA por sus siglas en inglés: *Economic Value Added*) y las valoraciones de la productividad. Como los ratios antes descritos, todas estas medidas son más significativas cuando se comparan con los resultados de periodos anteriores o de otras empresas de un sector determinado.

Evaluación financiera

La evaluación financiera es el proceso por el cual se determina el valor total de una compañía con la finalidad de venderla. No es una ciencia exacta. Por ejemplo, una empresa que esté contemplando una adquisición puede estimar los flujos de caja futuros de la compañía que quiere adquirir y luego calcular su valor en consecuencia. Otro comprador potencial puede que se base en distintos datos, como el valor de sus activos físicos. Con independencia del método empleado, una compañía puede ser valorada de forma diferente por distintas partes. Una pequeña empresa de alta tecnología, por ejemplo, quizá sea valorada mucho más allá de lo que indican su flujo de caja o sus activos si lo que persigue el potencial comprador es su tecnología exclusiva o sus ingenieros.

CONSEJOS PARA ANALIZAR ESTADOS FINANCIEROS

- *Compara compañías para determinar el contexto.* Lo que dirías que es un número grande o pequeño puede dejar de parecértelo cuando entiendes qué es normal para una empresa de un tamaño similar en el mismo sector. Por ejemplo, la empresa de petróleo ConocoPhillips ganó casi 5.000 millones de dólares en 2010, que puede parecer mucho dinero. Pero el ROS de la empresa fue solamente de un 3,5%, en comparación con el 6,4% de Chevron, que registró unos ingresos sólo ligeramente más altos.

- *Busca tendencias.* ¿Cómo son los estados financieros en relación con los del año pasado? ¿Y con los de hace tres años? Supongamos que detectas un pronunciado incremento del nivel de cuentas por cobrar de un año a otro. Para comprobar si «realmente» está aumentando, calcula el plazo medio de cobro. Si éste también va al alza, entonces la empresa no está haciendo un buen trabajo a la hora de recaudar su dinero en efectivo como en el pasado. Puede que sea una estrategia deliberada para adquirir cuota de mercado o sencillamente es reflejo de una mala gestión de las cuentas por cobrar.

(continúa)

(continuación)

- ***Expresa las cifras en prosa.*** Utiliza los estados financieros de tu empresa para escribir un párrafo que describa cuántos beneficios está generando, cómo gestiona sus activos, de dónde viene el dinero y a dónde va. Si trabajaras para Percheros SA, por ejemplo, podrías empezar diciendo: «En los últimos años, realizamos un buen trabajo en lo que al incremento de los ingresos se refiere, a la vez que obtuvimos resultados excelentes a la hora de controlar los costes, sobre todo en 2010. De este modo conseguimos impulsar nuestro beneficio de explotación, así como nuestro beneficio neto». Si puedes hablar de lo que ves en los estados financieros con un lenguaje normal y corriente, también podrás utilizar lo que te dicen para tomar decisiones inteligentes.

Una evaluación financiera también es el proceso por el cual los inversores y analistas bursátiles examinan los estados financieros de una compañía y el desempeño de sus acciones para estimar su valor. Su interés es determinar si el precio de mercado de la acción es una buena oportunidad en relación con el valor subyacente de la porción de la empresa que la acción representa.

Los mercados bursátiles se sirven de varios métodos para realizar una evaluación financiera, es decir, para valorar la salud financiera de una compañía en relación con el precio de sus acciones:

- El **beneficio por acción (BPA)** es igual al beneficio neto dividido por el número de acciones en circulación. Se trata de uno de los indicadores financieros del que más seguimiento se suele hacer. Si cae, es muy probable que el precio de la acción también caiga.

- El **ratio precio/beneficio (PER por sus siglas en inglés:** *Price-to-Earnings Ratio*) es el precio actual de la acción dividido por el BPA de los últimos doce meses. Es una medida habitual de lo barata o cara que es una acción con respecto a los beneficios de la empresa (y las acciones de otras compañías).

- Los **indicadores de crecimiento** también son importantes para las evaluaciones bursátiles, ya que el crecimiento permite que una empresa genere mayor rentabilidad para sus accionistas. El número de años sobre el que debe medirse el crecimiento depende de los ciclos empresariales del sector. En el caso de una empresa petrolífera, la cifra de crecimiento de un solo año probablemente no te aporte demasiado, dados los largos ciclos del sector. Para una compañía de internet, en cambio, un año es mucho tiempo. Entre las medidas habituales, encontramos el crecimiento de las ventas, el crecimiento de la rentabilidad y el crecimiento de los beneficios por acción.

Valor económico añadido (EVA)

Este concepto anima a empleados y directivos a pensar como accionistas y propietarios centrándose en el **valor**

neto que crea una empresa. El EVA es el beneficio que queda después de que la compañía haya respondido al coste de su capital. Si el beneficio es menor que el coste de capital —es decir, si el EVA es negativo—, esencialmente lo que está haciendo la empresa es destruir valor.

Medidas de productividad

Las ventas por empleado y el beneficio neto por empleado relacionan información sobre los ingresos y la generación de beneficios con datos sobre la fuerza de trabajo. Las tendencias que observes en estas cifras te ayudarán a averiguar si la empresa es cada vez más o menos productiva.

Aumenta tus beneficios racionalizando tu negocio

Jamie Bonomo y Andy Pasternak

Hoy en día, los directivos reciben muchas presiones para que aumenten los ingresos. Pero, al responder a este desafío, es posible que ellos y sus equipos introduzcan sin querer complejidades que frenan la rentabilidad global. El personal de diseño, ventas y marketing, por ejemplo, tenderá a introducir nuevos productos, conseguir nuevos clientes y explorar nuevos mercados... y a menudo irán añadiendo ofertas, canales, marcas y clientes sin tener en cuenta el impacto acumulado del conjunto sobre el negocio.

¿Cuál es el impacto acumulado? Cuanto más compleja se vuelve una empresa, más difícil es rastrear el origen de los costes. Así pues, al equipo directivo de la empresa le costará

Adaptado de *Harvard Management Update* (producto n.º U0505A), mayo de 2005.

saber qué ofertas y mercados son rentables. Les resultará difícil decidir qué vender, a qué precio y a quién. Indagando en los Costes de los productos, las marcas, los canales y los clientes individuales, los directivos de todos los niveles de la empresa pueden entender mejor cada eslabón de la cadena de valor. Gracias a dicho conocimiento, los líderes podrán pulir la estrategia empresarial y otros podrán ejecutarla mejor.

Veamos varios métodos de simplificación que las compañías pueden utilizar para aumentar su rentabilidad:

1. Analiza la rentabilidad por oferta o mercado

Las empresas grandes y complejas no suelen tener información de todos los negocios y de todos los lugares en los que operan, ni una organización coherente entre ellos. Además, sus **costes compartidos** —los que no pueden atribuirse directamente a ofertas o mercados individuales— representan una gran parte de su estructura de costes totales. No obstante, podemos determinar los costes reales ahondando en los detalles. Un análisis de la rentabilidad de este tipo normalmente revela grandes disparidades en términos de beneficios entre líneas de negocio, marcas, productos y clientes.

Por ejemplo, en una empresa de productos de consumo, a la que llamaremos Consolidada SA, los directivos consideraban una antigua cuenta de gran tamaño, MacGuffin, como uno de sus dos clientes más importantes en una región determinada. No obstante, los precios que MacGuffin pagaba eran bajos y la complejidad que implicaba servir a esta cuenta era asombrosa debido a los 30 números de referencia de almacén creados específicamente para este cliente. Consolidada SA usaba cuatro fábricas para producir los números de referencia y operaba un «centro de mezclas» para agrupar pedidos entre plantas, principalmente para Mac-Guffin. Dichos costes no habían sido asignados a MacGuffin, sino que se habían repartido entre todas las cuentas de la región. Cuando los directivos analizaron el verdadero coste de servir a MacGuffin, desde las ventas hasta las operaciones, descubrieron que esta cuenta *reducía* el resultado neto de la empresa en 700.000 dólares pese a que generaba 5 millones de dólares anuales en ventas. Para bajar costes y añadir valor, Consolidada SA eliminó el 60% de los números de referencia de MacGuffin, cambió el precio de ciertos productos y reestructuró las condiciones de suministro.

Como ilustra este ejemplo, las decisiones sobre selección de productos y fijación de precios no deben tomarse sobre el margen, es decir, no debemos presuponer que el coste de infraestructura es fijo y el excedente de capacidad existente esencialmente sale gratis. Aunque este enfoque resulte atractivo a corto plazo, puede provocar que la empresa tenga ofertas no rentables.

2. Asegúrate de que tus marcas y números de referencia aportan lo que les corresponde

La mayoría de las compañías complejas tienen muchas marcas o números de referencia que contribuyen poco a su beneficio neto. Mediante un análisis detallado realizado por un fabricante de computadoras estadounidense, sus directivos se dieron cuenta de que muchos de sus productos de bajo volumen presentaban números modestos en cuanto a alcance de los clientes, ingresos y beneficios; y, sin embargo, añadían una complejidad considerable a las operaciones de la empresa. En efecto, la compañía había estado usando hasta un 20% de sus activos para respaldar dichas marcas y productos marginales. Centrándose en las marcas y los números de referencia rentables, y deshaciéndose del resto, liberó una capacidad notable con pérdidas insignificantes en cuanto a ingresos y volumen.

No obstante, no fue un esfuerzo sólo en el ámbito de las operaciones. La compañía también incorporó el punto de vista del consumidor. Mediante una rigurosa investigación que combinaba encuestas y herramientas de evaluación procedentes de la psicología y la economía, el fabricante de computadoras pudo estimar la demanda de sus distintas marcas y números de referencia, lo que le permitió averiguar exactamente cómo y por qué elegían los clientes esos productos. Con estos datos en la mano, los directivos pudieron evaluar qué contrapartidas en volumen, precios y costes de todo el sistema contribuirían a la rentabilidad.

PREGUNTAS PARA DIRECTIVOS

- ¿Sabes qué clientes, marcas y líneas de producto generan beneficios? ¿Sabes cuáles te hacen perder dinero?

- Si surgiera una oportunidad muy rentable y tu empresa no tuviese suficiente capacidad para aprovecharla, ¿qué harías?

- Las funciones de apoyo como I+D, ventas y marketing, ¿fijan sus propios objetivos o colaboran estrechamente con otros grupos de la empresa?

- ¿Están los indicadores de desempeño diseñados para optimizar la rentabilidad del conjunto?

3. *Combina la producción*

Otra manera de simplificar consiste en mejorar la combinación de las capacidades de producción de bajo coste y alto coste. Eliminar o recortar una sola cuenta para reducir costes indirectos no es más que un primer paso. Si una compañía racionaliza un número suficientemente alto de cuentas, puede combinar instalaciones y cerrar las líneas de producción o centros de servicios de mayor coste. Gracias a las eficiencias resultantes, los directivos tendrán más margen para negociar precios y podrán poner fin a relaciones con cuentas que sigan dando malos resultados. Este enfoque puede impulsar radicalmente la rentabilidad de la empresa mediante mejoras en el margen de explotación y concentrar los recursos en cuentas con un elevado potencial de crecimiento.

Transformar una cultura de los ingresos en una cultura de los beneficios no es tarea fácil. Todas las funciones —desde ventas hasta operaciones— deben aportar su granito de arena. Pero una vez que los procesos y los métodos de medida de tu empresa se basen en una perspectiva integrada, habrás dado otro paso hacia un negocio más simple y más rentable.

———————

Jamie Bonomo es director ejecutivo y **Andy Pasternak** es director de la empresa con sede en Nueva York Mercer Management Consulting.

Trabaja en tus activos para impulsar tu crecimiento

Miles Cook, Pratap Mukharji, Lorenz Kiefer y Marco Petruzzi

Las cadenas de suministro pueden llegar a representar un impresionante 80% de los costes de una organización. Y en las empresas de productos hasta un 60% de los activos netos se destinan a existencias, plantas, almacenes y otros activos de la cadena de suministro. Aun así, pocas veces las compañías consideran la mejora de la cadena de suministro como una manera de impulsar la **rentabilidad del capital invertido** o **ROIC** (por sus siglas en inglés, *Return On Invested Capital*).

Adaptado de *Harvard Management Update* (producto n.º P0503B), marzo de 2005.

Calcular el ROIC puede ser un poco complejo, pero así es como suele hacerse:

$$\frac{\text{beneficios} - \text{costes en intereses (con un ajuste por los beneficios fiscales de los costes en intereses)}}{\text{total de activos} - \text{efectivo} - \text{pasivo corriente sin intereses}}$$

Para aumentar el ROIC, las empresas suelen centrarse en el numerador: los beneficios. Pero reducir el menos obvio denominador acelerando la rotación de activos —conseguir los mismos o mejores resultados con menos activos— también puede tener un impacto enorme. Según nuestra experiencia, introducir buenas técnicas de gestión de la cadena de suministro centradas en el cliente puede dar lugar a una mejora del ROIC del 30% de media. Además, las empresas que recortan activos también consiguen superar a la competencia en ingresos de forma notable.

Incorporar la economía de la cadena de suministro en decisiones centradas en el cliente

Las empresas que quieran impulsar el ROIC pueden utilizar la economía de la cadena de suministro para responder a tres preguntas clave en relación con los clientes:

1. **¿Qué vendemos?** ¿Podemos racionalizar los números de referencia y eliminar complejidad, costes y activos? Por ejemplo, quizá podamos recortar productos no rentables o de poco volumen, así como reducir el número de opciones disponibles para otros productos. Así nuestras

fábricas serán más eficientes y podremos reducir existencias.

2. **¿A quién se lo vendemos?** ¿Nos centramos en el mercado apropiado? Dicho de otro modo, ¿destinamos el potencial de nuestra cadena de suministro al lugar en el que puede generarse dinero para la empresa? Analizando la rentabilidad según cliente, región y canal, podemos descubrir ámbitos relativamente poco rentables (e incluso nada rentables).

3. **¿Cuál es la mejor manera de suministrar nuestras ofertas?** ¿Nuestras políticas de infraestructuras y servicios cumplen su cometido de forma eficaz? Normalmente vinculamos nuestros productos más complejos a una garantía ampliada y a un contrato de mantenimiento. Pero ¿es eso lo mejor para nuestros clientes? ¿Contribuye a nuestros beneficios?

Puesto que su trabajo empieza y acaba con el cliente, los jefes de cadena de suministro cada vez se centran más en la segmentación de los clientes. Entender mejor lo que quieren los usuarios nos permite entender mejor qué productos les satisfarán. Así los jefes de cadena de suministro pueden establecer diferentes niveles de servicio para diferentes clientes y productos. Dow Corning, por ejemplo, originalmente intentó diferenciar sus productos de silicona combinándolos con un gran número de servicios de valor añadido, como la asistencia técnica. Pero, tal como los consultores Mark Gottfredson y Steve Schaubert de

Bain & Company explican en su libro *The Breakthrough Imperative* (Collins, 2008), algunos clientes de Corning no precisaban esos servicios y no querían pagar por ellos. En consecuencia, Corning decidió introducir una línea de productos estándar que podían pedirse en internet, sin ningún servicio de aplicación o ingeniería. También empezó a ofrecer sus servicios de valor añadido a la carta, para que los clientes pudiesen comprar sólo lo que necesitaban.

MEJORAR EL CRECIMIENTO
«AJUSTANDO EL DENOMINADOR»

Un gran ejemplo de cómo mejorar la cadena de suministro para impulsar el crecimiento nos lo da el Grupo Danone, el conglomerado alimentario francés. Hace años, durante un periodo turbulento, perdió su liderazgo en la venta de yogures en Brasil. Nestlé había eclipsado a Danone en cuota de mercado y éste —que también sufría la ofensiva de Parmalat— ya no ganaba dinero. La compañía tenía que hacer algo rápido.

Según la creencia tradicional, Danone no podía alcanzar a los dos gigantes en cuestión de eficiencia operativa, dadas sus enormes ventajas de escala. Sus dos competidores también contaban con mayores redes de distribución y más poder en el sector. Inicialmente Danone concluyó que la única salida consistía en competir en calidad e innovación, algo nada fácil tratándose de un alimento básico. Y, sin embargo, la solución pasó por racionalizar la cadena de suministro.

Los ejecutivos de Danone se dieron cuenta de que lo que quería la gente era sobre todo un yogur más fresco: no les gustaba comprar algo demasiado próximo a su fecha de caducidad. En efecto, cuando la empresa hizo encuestas entre los consumidores, la mitad dijeron que sus decisiones de comprar se basaban en esa fecha.

Para averiguar cómo darles exactamente lo que querían, Danone respondió a las tres preguntas centradas en el cliente que rigen la economía de la cadena de suministro y concluyó que podía mejorar cómo hacer llegar sus productos a los consumidores. Para empezar, el volumen no siempre iba ligado a la demanda: para reducir costes de producción, a las fábricas se les había dicho que sólo podían producir contenedores completos de yogur de cualquier tipo, lo que suponía un desperdicio. Asimismo, Danone detectó problemas en la manera en que su producto se trasladaba de la fábrica a los puntos de distribución. Las existencias estaban repartidas en muchas ubicaciones por todo el país, pero el 80% de sus ventas de yogur se realizaban en un radio de medio día de transporte desde su almacén central, lo que significaba que un gran porcentaje de su producto hacía una segunda parada innecesaria en un almacén regional. Esta logística hacía que los yogures fueran menos frescos y que faltaran de existencias donde la demanda era más alta. Además, un rígido calendario de limpieza y mantenimiento añadía tiempos muertos que generaban aún más desviaciones entre el volumen

(continúa)

(continuación)

solicitado por las tiendas y la cantidad de yogures realmente producidos.

Así pues, el equipo de Danone rediseñó su red de distribución en Brasil para servir a la mayoría de sus clientes convirtiendo tres almacenes regionales en puntos de tránsito sin existencias. Creó nuevas normas de producción para permitir que las fábricas hicieran contenedores parciales de yogur cuando fuera necesario. Asimismo, la empresa puso la mayor parte de la responsabilidad de la cadena de suministro en manos de una organización logística centralizada con mayor capacidad de supervisión sobre el proceso de previsión. ¿Cuál fue el resultado? El número medio de días desde la fábrica hasta la tienda cayó más de un 50%, hasta cuatro.

Ajustando el denominador del ROIC, Danone liberó su numerador. El único cambio que hicieron fue aumentar la frescura de los yogures, pero la respuesta de los consumidores fue espectacular: los ingresos de Danone aumentaron más del 10% y su rentabilidad sobre ventas también recibió un gran impulso.

Los jefes de cadena de suministro suelen modificar la planificación de previsiones y demanda de productos en función de volúmenes, requisitos de producción y tiempos de espera. También eliminan constantemente ineficiencias causadas por un pensamiento demasiado individualista.

Dicho de otro modo, gestionan eficazmente el vínculo entre las decisiones respecto a la cadena de suministro y las operaciones de fabricación para que su empresa pueda centrarse en elementos que le permitan servir a su mercado objetivo con la menor complejidad posible. A mediados de los años noventa, por ejemplo, el fabricante de vehículos y motores Navistar presentó su programa Diamond Spec, a través del cual los compradores de determinados camiones podían elegir entre 16 módulos prediseñados en vez de las miles de configuraciones posibles de antes. Poco después, explican Gottfredson y Schaubert, Diamond Spec «representaba el 80% de los pedidos para ese tipo de camión»... y los costes de Navistar eran notablemente más bajos.

Cómo mejoró Goodyear sus ventas centrándose en el cliente

Consideremos ahora la situación de la cadena de suministro de Goodyear Tire & Rubber Company hace unos años. Cuando un nuevo presidente y consejero delegado tomó las riendas de la compañía, su División de Neumáticos de Norteamérica parecía destinada a sufrir notables pérdidas. Varios intentos de reducir existencias mal diseñados habían provocado un nivel de servicio en declive y frecuentes faltas de inventario. Los clientes se quejaban y la empresa tenía que hacer frente a un inventario obsolescente e improductivo en sus almacenes. Para complicarlo aún más, Goodyear estaba preparando el lanzamiento de dos productos que esperaba que fueran un éxito: su neumático para turismos Assurance y su neumático comercial, destinado a reducir la amenaza que Michelin representaba en el mercado de los camiones.

¿Cómo podía Goodyear revertir la situación y reforzar sus ventas? Con un nuevo presidente, el equipo directivo de la División de Neumáticos de Norteamérica revisó todo un conjunto de supuestos en relación con dos preguntas: «¿qué vendemos?» y «¿a quién se lo vendemos?». La División creó un equipo que abarcaba ventas, marketing, fabricación y finanzas con la amplia misión de identificar y resolver problemas estructurales que consumían dinero en efectivo y capital de trabajo, así como de empezar a optimizar el servicio de atención al cliente.

Cuando el equipo analizó la División para ver qué vendía y por qué, se dio cuenta de que la cultura de fabricación de Goodyear se centraba sobre todo en reducir los costes por unidad sin tener suficientemente en cuenta las necesidades de la cadena de suministro y del cliente. El equipo hizo limpieza: redujo las existencias un 15% respecto al punto más alto de la temporada y eliminó la mitad de los números de referencia no rentables. Asimismo, redujo complejidades: entre otras cosas, racionalizó los productos de poco volumen trasladándolos desde los más de diez almacenes situados por todos Estados Unidos a uno solo.

El equipo también analizó los servicios y entregas de la División según segmentos de clientes y productos. Las nuevas directrices determinaron que podían entregarse productos de alto volumen (como los neumáticos Eagle) en cantidades más pequeñas, pero había que agrupar los productos de temporada de menor volumen (como los neumáticos de granja) y entregarlos con plazos más amplios. Estas prácticas empezaron a alinear la rentabilidad de los productos Goodyear con las necesidades de servicio de los distintos segmentos de clientes.

La mejora del desempeño de la cadena de suministro exigía una nueva disciplina en la previsión de ventas. Compartiendo datos fiables para la planificación de la demanda en un proceso unificado de ventas y operaciones, la División consiguió realizar previsiones de ventas más realistas. Asimismo, ajustó su calendario de fabricación para distribuir las cuotas mensuales en los días y semanas en que debían realizarse los envíos, de modo que redujo su necesidad de disponer de existencias de seguridad.

Con estas acciones la División pudo «atacar el denominador» y, cuando los cambios surtieron efecto, los clientes lo notaron y agradecieron las mejoras de la empresa a la hora de satisfacer los pedidos. Goodyear redujo de forma sustancial su fondo de maniobra ligado al inventario, de modo que liberó dinero en efectivo para otras iniciativas. A medida que las previsiones y otros procesos fueron mejorando, la compañía redujo las fluctuaciones en el inventario, hasta tal punto que la variación entre las existencias máximas y mínimas pasó de 5,3 millones de unidades a 1,4 millones en tan sólo tres años. Cuando lanzó sus nuevas líneas de neumáticos, Goodyear equilibró sus esfuerzos para satisfacer la demanda y controlar los costes internos mucho mejor que antes, aunque la popularidad de algunos neumáticos precisó establecer cuotas de concesionario en función de una «cuota equitativa» del mercado.

¿Qué números obtuvo la cadena de suministro? Tras introducir los cambios, Goodyear obtuvo unos beneficios de 36,5 millones de dólares respecto a unas ventas de 4.700 millones de dólares, en comparación con unas pérdidas netas de 119,4 millones de dólares respecto a unas ventas de 3.900 millones durante el mismo periodo del año anterior. Unos beneficios más positivos combinados con una rotación de los activos más rápida también contribuyeron a un ROIC más elevado. La compañía atribuyó los mejores resultados financieros y su crecimiento rentable a una mejora en las operaciones de todos los segmentos del negocio, incluida la División de Neumáticos de Norteamérica.

Por supuesto, aplicar la ciencia de la cadena de suministro tiene consecuencias de tipo organizativo. Entre ellas destaca el desafío de recoger las estadísticas adecuadas para medir los progresos de forma correcta sin jugar a las adivinanzas. También implica hacer un seguimiento de las medidas de desempeño de proveedores, socios logísticos y distribuidores, así como compartir previsiones y otros datos privados. Pocas empresas lo hacen bien. Este tipo de esfuerzo no tiene tanto que ver con instalar nuevos sistemas informáticos como con tener la gente adecuada.

Las empresas deben asignar sus empleados estrella —y darles los incentivos apropiados— para que afronten el desafío de la cadena de suministro. Deben premiar a estos ejecutivos no sólo por disponer de las existencias suficientes, sino también por aumentar la rotación de activos, el crecimiento y el precio de las acciones.

———————————

Miles Cook y **Pratap Mukharji** son socios de Bain & Company, con sede en Atlanta, y dirigen su Departamento Global de Cadena de Suministro. **Lorenz Kiefer**, socio que trabaja desde Düsseldorf, es el jefe del Departamento Europeo de Cadena de Suministro. **Marco Petruzzi** es un socio de la empresa que trabaja desde Los Ángeles.

Beneficio ≠ efectivo (y necesitas ambas cosas)

Karen Berman y Joe Knight, con John Case

El **beneficio** que se ve en la cuenta de resultados no es lo mismo que el **efectivo neto** que registra el estado de flujo de caja. ¿Por qué no? Algunas razones son bastante obvias: parte del dinero en efectivo puede proceder de préstamos o de inversores, por lo que no aparecerá en la cuenta de pérdidas y ganancias. Pero incluso el **flujo de caja de explotación** no es para nada lo mismo que el **beneficio neto**.

Los principales motivos son tres:

- **Los ingresos se registran cuando se realiza una venta.** Una venta se registra siempre que la empresa entrega un producto o suministra un servicio. La

Adaptado de *Financial Intelligence* (producto n.º 4989BC), de Karen Berman y Joe Knight, con John Case, Harvard Business Review Press, 2006.

empresa Copistería Sublime entrega a un cliente unos folletos por valor de 1.000 dólares; entonces Copistería Sublime registra unos ingresos de 1.000 dólares y, en teoría, podría registrar un beneficio igual a dichos ingresos menos sus costes o gastos. No obstante, no se ha producido ningún intercambio de dinero en efectivo, pues los clientes de Copistería Sublime suelen tardar treinta días o más en pagar. Puesto que el beneficio empieza con la obtención de ingresos, siempre reflejará los compromisos de pago de los clientes. El flujo de caja, en cambio, siempre refleja las transacciones con efectivo.

- **Los gastos se hacen coincidir con los ingresos.** La finalidad de la cuenta de resultados es sumar todos los costes y gastos vinculados a la generación de ingresos durante un periodo determinado. Sin embargo, es posible que dichos gastos no sean los que se hayan pagado realmente durante ese tiempo. Puede que algunos se hayan abonado antes y que otros se paguen más tarde, cuando venzan las facturas de los proveedores. Así pues, los gastos consignados en la cuenta de resultados no reflejan el efectivo que sale de la empresa. El estado de flujo de caja, en cambio, siempre mide las entradas y salidas de efectivo durante un periodo determinado.

- **Los gastos de capital no se cargan al beneficio.** Un gasto de capital no aparece en la cuenta de resultados cuando se produce; de los ingresos sólo se resta su amortización. En consecuencia, una compañía puede comprar camiones, maquinaria, computadoras, etc., y el gasto sólo aparecerá en la cuenta de resultados de forma gradual, a lo largo de la vida útil de cada elemento. El dinero en efectivo, por supuesto, es otra historia: todos estos productos suelen pagarse mucho antes de que se hayan amortizado en su totalidad y el dinero en efectivo usado para pagarlos se consignará en el estado de flujo de caja.

Puede que pienses que a la larga el flujo de caja reflejará el beneficio neto: se recibirán las cuentas por cobrar, de modo que las ventas se convertirán en dinero en efectivo; se pagarán las cuentas por pagar, de modo que los gastos se igualarán de un periodo a otro; y se amortizarán los gastos de capital, de modo que a lo largo del tiempo los cargos en los ingresos por la amortización serán más o menos iguales al efectivo gastado en nuevos activos. Todo ello es cierto hasta cierto punto, al menos en una compañía madura y bien gestionada. Pero hasta que llegue ese momento las diferencias entre beneficios y dinero en efectivo pueden generar todo tipo de problemas, sobre todo a una empresa en crecimiento. En concreto, las empresas comerciales probablemente tengan que afrontar periodos de ventas fluctuantes. Deberán asumir que un cliente grande paga sus facturas con mucha lentitud o que un proveedor importante exige el pago por adelantado. Todos estos factores pueden causar estragos en el flujo de caja de un empresario, aunque no tengan ningún efecto en su rentabilidad.

Beneficios sin liquidez

Ilustraremos la diferencia entre beneficios y liquidez comparando dos empresas sencillas con unos beneficios y una tesorería radicalmente diferentes. Dulces Sueños es un nuevo fabricante de galletas y pasteles que abastece a supermercados especializados. Su fundadora ha conseguido varios pedidos gracias a sus recetas caseras y está preparada para lanzar su empresa el 1 de enero. Supongamos que tiene 10.000 dólares de dinero en efectivo en el banco y, en los tres primeros meses, sus ventas son de 20.000, 30.000 y 45.000 dólares. El coste de mercancías vendidas (CMV) de Dulces Sueños es del 60% sobre las ventas, y sus gastos de explotación mensuales son de 10.000 dólares.

Observando solamente estos números, puedes pensar que no tardará en tener beneficios. De hecho, su **cuenta de resultados** simplificada para los tres primeros meses tiene el aspecto siguiente:

	Enero	Febrero	Marzo
Ventas	20.000	30.000	45.000
CMV	12.000	18.000	27.000
Beneficio bruto	8.000	12.000	18.000
Gastos	10.000	10.000	10.000
Beneficio neto	(2.000)	2.000	8.000

El **flujo de caja**, en cambio, nos cuenta una historia bien diferente. Dulces Sueños ha acordado con sus proveedores que les pagará los ingredientes y otras provisiones en un plazo de 30 días. Pero ¿y los supermercados especializados a los que la empresa vende sus productos? Pues están en una situación bastante precaria, por lo que tardan 60 días en pagar las facturas.

Así pues, esto es lo que ocurre con la tesorería de Dulces Sueños:

- En **enero**, Dulces Sueños no recibe nada de sus clientes. A final de mes, lo único que tiene son 20.000 dólares en cuentas por cobrar de sus ventas. Por suerte, no tiene que pagar nada por los ingredientes que ha utilizado, ya que no tiene que pagar a sus proveedores hasta pasados 30 días. (Suponemos que la cifra de CMV corresponde únicamente a ingredientes porque la propia dueña se encarga de elaborar los productos.) No obstante, la compañía sí debe pagar sus gastos: alquiler, servicios de suministro, etc. Así pues, debe dedicar todo su dinero en efectivo inicial a pagar estos gastos, por lo que Dulces Sueños se queda sin dinero en efectivo en el banco. Una representación simplificada de la cuenta de la empresa tendría el siguiente aspecto:

Efectivo inicial	10.000
Gastos	(10.000)
Efectivo final	0

- En **febrero**, Dulces Sueños aún no ha recibido nada. (Recordemos que sus clientes le pagan a 60 días.) A final de mes, tiene 50.000 dólares en cuentas por cobrar de sus ventas —los 20.000 de enero más los 30.000 de febrero—, pero nada en efectivo. Al mismo tiempo, Dulces Sueños debe pagar ahora los ingredientes y provisiones de enero (12.000 $), así como los gastos de febrero (10.000 $). En consecuencia, su deuda ahora es de 22.000 $. Esta es su cuenta (suponiendo que por el momento Dulces Sueños puede permitirse tener un balance negativo en la cuenta bancaria):

Efectivo inicial	0
Ingredientes y provisiones	(12.000)
Gastos	(10.000)
Efectivo final	(22.000)

¿Puede la dueña revertir la situación? ¡Seguro que en marzo sus crecientes beneficios mejorarán su liquidez! Desgraciadamente no.

- En **marzo**, Dulces Sueños por fin cobra las ventas de enero, por lo que recibe 20.000 dólares en efectivo, de modo que sólo le faltarán 2.000 dólares para igualar su posición negativa a final de febrero. Pero ahora tiene que pagar el CMV de febrero, 18.000 $, más 10.000 $ de gastos. Así pues, a finales de marzo, tiene 30.000 $ de deuda, situación aún peor que la tenía a finales de febrero. Otra vez, la cuenta:

Efectivo inicial	(22.000)
Cobros	20.000
Ingredientes y provisiones	(18.000)
Gastos	(10.000)
Efectivo final	(30.000)

¿Qué está pasando? La respuesta es que Dulces Sueños está creciendo. Sus ventas aumentan cada mes, lo que significa que cada mes tiene que comprar más ingredientes. A la larga sus gastos de explotación también se incrementarán, ya que la dueña tendrá que contratar a más personas. El otro problema es la disparidad entre el hecho de que Dulces Sueños debe pagar a sus proveedores en 30 días, pero la empresa debe esperar 60 para cobrar de sus clientes. En la práctica, debe avanzar el dinero en efectivo

Beneficio ≠ efectivo (y necesitas ambas cosas)

durante 30 días... y **si sus ventas siguen aumentando, nunca podrá ponerse al día, a menos que encuentre otras fuentes de liquidez.** Por muy ficticia y simplificada que parezca la empresa Dulces Sueños, así es precisamente como las empresas rentables se van al traste. Es una de las razones por las que tantas pequeñas empresas de emprendedores fracasan durante el primer año. Sencillamente se quedan sin efectivo.

Efectivo sin beneficio

Pero ahora fijémonos en otro tipo de disparidad entre el beneficio y el coste.

Puros Premium es una empresa incipiente que vende cigarros muy caros y está ubicada en una zona de la ciudad frecuentada por gente de negocios y turistas adinerados. Sus ventas durante los tres primeros meses son de 50.000, 75.000 y 95.000 dólares: en este caso también, una saludable tendencia de crecimiento. Su CMV es del 70% sobre las ventas, mientras que sus gastos de explotación son de 30.000 dólares (¡el alquiler es muy elevado!). Para poder comparar, supondremos que también empieza con 10.000 dólares en el banco.

Así pues, la **cuenta de resultados** de Puros Premium durante estos meses tiene el aspecto siguiente:

	Enero	**Febrero**	**Marzo**
Ventas	50.000	75.000	95.000
CMV	35.000	52.500	66.500
Beneficio bruto	15.000	22.500	28.500
Gastos	30.000	30.000	30.000
Beneficio neto	(15.000)	(7.500)	(1.500)

81

Puros Premium aún no ha superado el listón de la rentabilidad, aunque cada mes pierda menos dinero. Mientras tanto, ¿qué aspecto tiene su **tesorería**?

Puesto que vende al por menor, Puros Premium cobra el dinero de cada venta inmediatamente. Y vamos a suponer que pudo negociar unas buenas condiciones con sus proveedores, de modo que les paga a 60 días.

- En **enero**, empieza con 10.000 $ y añade 50.000 $ en ventas al contado. Aún no tiene que pagar el coste de las mercancías vendidas, por lo que el único efectivo que debe abonar son los 30.000 dólares de gastos. Balance de la cuenta bancaria a final de mes: 30.000 $. Ésta es la representación simplificada de su cuenta bancaria:

Efectivo inicial	10.000
Ventas al contado	50.000
Gastos	(30.000)
Efectivo final	30.000

- En **febrero**, Puros Premium añade 75.000 $ en ventas al contado y aún no tiene que pagar nada en concepto de CMV. En consecuencia, su efectivo neto tras pagar los 30.000 dólares en gastos es de 45.000 $. ¡Ahora la cuenta bancaria está a 75.000 $! La cuenta:

Efectivo inicial	30.000
Ventas al contado	75.000
Gastos	(30.000)
Efectivo final	75.000

- En **marzo**, Puros Premium añade 95.000 $ por ventas al contado y paga los suministros de enero (35.000 $) y los gastos de marzo (30.000 $). El efectivo neto del mes es de 30.000 $, por lo que en el banco ahora ya tiene 105.000 $. Ésta es su cuenta:

Efectivo inicial	75.000
Ventas al contado	95.000
Pago de facturas	(35.000)
Gastos	(30.000)
Efectivo final	105.000

Así pues, los negocios que se basan en ventas al contado —tiendas, restaurantes, etc.— pueden tener una imagen sesgada de su situación. En este caso, la cuenta bancaria de Puros Premium se engorda cada mes, pero la empresa en realidad no es rentable. Durante un tiempo no pasa nada y no pasará nada siempre y cuando la empresa pueda mantener los gastos a raya para poder superar el listón de la rentabilidad. Pero el dueño tiene que ir con cuidado: si se engaña pensando que su negocio va de maravilla y que puede aumentar los gastos, se verá abocado a sufrir una falta de rentabilidad. Y, si no consigue llegar a ser rentable, al final se quedará también sin dinero en efectivo.

Puros Premium también tiene sus paralelos en el mundo real. Cualquier negocio que cobre siempre al contado, desde una pequeña tienda hasta gigantes como Amazon o Dell, tiene el lujo de obtener el dinero del cliente antes de tener que pagar por sus costes y gastos. Tiene reservas y, si está creciendo, este fondo cada vez será más grande. Pero, en última instancia, la empresa tiene que ser rentable según lo que señala la cuenta de resultados, ya que el flujo de caja a la larga no protege contra la falta de rentabilidad. En el ejemplo de la tienda de puros, las pérdidas registradas en el libro de contabilidad acabarán dando lugar a un flujo de caja negativo; del mismo modo que los beneficios acaban dando lugar a dinero en efectivo, las pérdidas acaban agotando la liquidez. Lo que estamos intentando entender aquí son los tiempos de la tesorería.

Entender la diferencia entre beneficios y dinero en efectivo es clave para aumentar nuestra inteligencia financiera. Abre toda una gama de posibilidades para tomar decisiones inteligentes. Por ejemplo:

- **Encontrar la experiencia y los conocimientos apropiados.** Las dos situaciones antes descritas requieren diferentes aptitudes. Si una empresa es rentable pero va corta de efectivo, lo que precisa es habilidades financieras: alguien capaz de conseguir más fondos. Si una compañía tiene liquidez pero no es rentable, lo que necesita es experiencia en operaciones: alguien capaz de reducir costes o de generar más ingresos sin más gastos. Así pues, los estados financieros no sólo te informan de lo que ocurre en una empresa, sino también del tipo de habilidades que debe tener la persona a la que contrates.

- **Tomar buenas decisiones respecto a los plazos.** Tomar decisiones informadas respecto al momento adecuado para tomar medidas puede aumentar la eficacia de una empresa. Consideremos el ejemplo de Setpoint Systems, una compañía que construye sistemas de automatización para fábricas. Sus directivos saben que el primer trimestre del año, cuando llegan muchos pedidos, es el más rentable. Pero la empresa siempre va justa de liquidez, ya que Setpoint debe comprar componentes al contado y pagar a sus proveedores. Al siguiente trimestre el flujo de caja suele mejorar porque recibe las cuentas por cobrar del trimestre anterior, aunque se frenen los beneficios. Los directivos de Setpoint han aprendido que es mejor comprar los bienes de capital de la empresa en el segundo trimestre, aunque éste suela ser menos rentable que el primero, sencillamente porque hay más dinero en efectivo disponible.

La lección final es que los beneficios y el efectivo son cosas diferentes... y un negocio saludable, tanto en sus primeros años como cuando ya es maduro, necesita ambas cosas.

———————————

Karen Berman y **Joe Knight** son los propietarios del Business Literacy Institute, con sede en Los Ángeles. El coautor, **John Case**, ha escrito varios libros populares sobre gestión empresarial.

Por qué importa la liquidez

Karen Berman y Joe Knight, con John Case

Son tres los motivos para entender el **estado de flujo de caja.**

En primer lugar, te ayuda a entender qué está sucediendo, adónde se dirige la empresa y cuáles deben ser las prioridades del equipo directivo. No sólo debemos saber si la liquidez en general es saludable, sino específicamente de dónde procede el dinero en efectivo de la empresa. ¿Gran parte proviene de las operaciones normales del negocio o bien procede de prestamistas o inversores? Si es lo primero, significa que la propia empresa es la que está generando liquidez. ¿El flujo de caja de inversión es un número negativo de cierto tamaño? Si no lo es, es posible que la empresa no esté invirtiendo en su futuro. ¿Y qué ocurre con el flujo de caja de financiación? Si está entrando dinero

Adaptado de *Financial Intelligence* (producto n.º 4986BC), de Karen Berman y Joe Knight, con John Case, Harvard Business Review Press, 2006.

de inversión, puede ser motivo para ser optimista... o quizá signifique que la compañía está vendiendo acciones desesperadamente para mantenerse a flote. Analizar el estado de flujo de caja da lugar a muchas preguntas, pero son las preguntas que hay que plantearse. ¿Estamos pagando préstamos? ¿Por qué sí o por qué no? ¿Estamos comprando equipos? Las respuestas a estas preguntas revelan mucho acerca de los planes que el equipo directivo tiene para la empresa.

En segundo lugar, tú tienes influencia sobre la liquidez de la empresa. La mayoría de los directivos se centran en los beneficios cuando en realidad deberían pensar tanto en los beneficios como en la tesorería. Sin duda su impacto suele limitarse al flujo de caja de explotación, pero es una de las medidas más importantes. Por ejemplo:

- **Cuentas por cobrar.** Factores como la satisfacción del cliente con tu servicio, su relación con tu personal de ventas y la exactitud de las facturas contribuyen a la opinión que los clientes tienen de la empresa y, de forma indirecta, influyen en la rapidez con la que pagarán. Los clientes insatisfechos no destacan por su prontitud en el pago, sino que les gusta esperar hasta que se resuelva el conflicto.

- **Existencias.** Si estás en el departamento de ingeniería, ¿solicitas productos especiales todo el tiempo? De ser así, es posible que estés creando una pesadilla de inventario. Si estás en operaciones y te gusta tener el almacén lleno, sólo por si acaso, quizá estés dando lugar a una situación en la que el dinero en efectivo está inmovilizado cuando podría utilizarse para otra cosa.

- **Gastos.** ¿Siempre que puedes aplazas los gastos? ¿Tienes en cuenta los tiempos del flujo de caja para realizar compras? Obviamente no siempre es recomendable aplazar gastos; lo que sí es conveniente es tomar en consideración el impacto que tendrá en la liquidez gastar dinero.

- **Dar crédito.** ¿Das crédito a los clientes con demasiada facilidad? O lo contrario, ¿te niegas a dar crédito cuando deberías hacerlo? Ambas decisiones afectan al flujo de caja y las ventas de la compañía, motivo por el cual el departamento de crédito siempre tiene que llegar a un difícil equilibrio.

La lista continúa. Tal vez seas jefe de planta y siempre recomiendes comprar más equipamiento, por si acaso llegan pedidos. Quizá estés en el departamento informático y pienses que la compañía siempre necesita las últimas actualizaciones. Todas estas decisiones influyen en el flujo de caja y el equipo directivo suele tenerlo muy en cuenta. Si quieres que tus peticiones sean eficaces, debes familiarizarte con los números que analiza el equipo directivo.

En tercer lugar, los directivos que entienden el flujo de caja tienden a conseguir más responsabilidades y, por lo tanto, tienden a progresar más rápido que los que sólo se centran en la cuenta de resultados. Puedes ponerte en contacto con alguien del departamento de finanzas y decirle: «Me he dado cuenta de que en los últimos meses nuestro periodo medio de cobro va en mala dirección. ¿Qué puedo hacer yo para invertir la tendencia?». También puedes familiarizarte con los principios de la empresa esbelta (*lean enterprise*), que, entre otras cosas, procura mantener las existencias a la mínima expresión. Un directivo que promueva este tipo de medidas libera grandes cantidades de dinero en efectivo.

Básicamente, nuestro argumento es que el flujo de caja es un indicador clave de la salud financiera de una compañía, junto con su rentabilidad y patrimonio neto. Es el tercer elemento de la tríada.

Karen Berman y **Joe Knight** son los dueños del Business Literacy Institute, con sede en Los Ángeles. El coautor, **John Case**, ha escrito varios libros populares sobre gestión empresarial.

Los resortes de tu balance de situación

Karen Berman y Joe Knight, con John Case

La mayoría de las empresas utilizan su liquidez para finan-
ciar la adquisición de productos o servicios por parte de
los clientes. Es la partida «cuentas por cobrar» del balance
de situación: la cantidad de dinero que los clientes deben
a la empresa en un determinado momento, en función del
valor de lo que compraron antes de esa fecha.

El principal ratio que mide las cuentas por cobrar es el
periodo medio de cobro, es decir, el número de días que
de media se tarda en cobrar esas cuentas. *Cuanto mayor
sea el periodo medio de cobro, más fondo de maniobra precisa la empresa para seguir funcionando.* Los clientes re-
tienen más de su dinero líquido en forma de los productos

Adaptado de *Financial Intelligence* (producto n.º 4977BC), de Karen Berman y Joe Knight, con John Case, Harvard Business Review Press, 2006.

o servicios que aún no han pagado, de modo que no hay efectivo para comprar existencias, realizar más servicios, etc. Al contrario, cuanto menor sea el periodo medio de cobro, menos fondo de maniobra precisa la empresa para seguir funcionando. En consecuencia, cuanto más consciente sea la gente del periodo medio de cobro y más trabaje para reducirlo, más liquidez tendrá la empresa.

Gestionar el periodo medio de cobro

El primer paso para gestionar el periodo medio de cobro es entender qué es y en qué dirección se mueve. Si es más alto de lo que sería conveniente y, especialmente, si su tendencia es al alza (que siempre parece ser el caso), los directivos deben empezar a hacer preguntas.

Los **directivos de operaciones e I+D**, por ejemplo, deben preguntarse si existe algún problema con el producto por el que los clientes están menos dispuestos a pagar sus facturas. ¿La empresa vende lo que quieren y esperan los clientes? ¿Existe algún problema con la entrega del producto? Los problemas de calidad y los retrasos en la entrega suelen dar lugar a demoras en el pago, sencillamente porque los clientes no están contentos con los productos que reciben y deciden que se tomarán su tiempo para pagar. Así pues, los directivos de aseguramiento de la calidad, investigación de mercado, desarrollo de productos, etc., pueden influir en las cuentas por cobrar, del mismo modo que los directivos de producción y envíos. En una compañía de servicios, la gente que se encargue de realizar el propio servicio debe hacerse las mismas preguntas. Si los clientes no quedan satisfechos con el servicio, también se tomarán su tiempo antes de pagar.

Los **directivos que traten directamente con el consumidor** —los de ventas y atención al cliente— tienen que plantearse cuestiones similares. ¿La salud financiera de nuestros clientes es buena? ¿Cuál es el plazo de pago habitual en el sector? ¿Están en una región del mundo que paga rápido o lento? El personal de ventas suele establecer el primer contacto con el cliente, por lo que es su responsabilidad señalar cualquier problema con su salud financiera. Una vez realizada la venta, los representantes de atención al cliente deben recoger el relevo e informarse de la situación. ¿Qué ocurre en el lado del cliente? ¿Están trabajando horas extra? ¿Despidiendo a gente? Al mismo tiempo, el personal de ventas debe trabajar con los departamentos de crédito y atención al cliente para que todo el mundo sea consciente de las condiciones acordadas desde el principio y se dé cuenta si el cliente se demora en el pago. En una empresa con la que trabajamos, los repartidores eran los que más sabían acerca de la situación de los clientes porque pasaban por sus instalaciones todos los días. Así pues, si detectaban que algo ocurría en el negocio de un cliente, se lo notificaban a los departamentos de ventas y contabilidad.

Los **directivos de crédito** deben preguntarse si las condiciones de la transacción son buenas para la empresa y se ajustan al historial crediticio del cliente. Deben valorar si la compañía está dando crédito con demasiada facilidad o bien si sus políticas crediticias son demasiado estrictas. Siempre hay que buscar un equilibrio entre aumentar las ventas y dar crédito corriendo mayores riesgos. Los directivos de crédito deben fijar con precisión las condiciones de pago que están dispuestos a ofrecer. ¿Son 30 días suficientes o deberíamos permitir hasta 60? Deben diseñar estrategias como la oferta de descuentos por pronto pago. Por ejemplo, pueden ofrecer un 2% de descuento si el cliente paga la factura en 10 días y ningún descuento si espera 30 días. A veces un descuento del 1% o el 2% puede ayudar a una compañía en dificultades a cobrar sus cuentas y, por lo tanto, a reducir su periodo medio de cobro, pero obviamente lo hace en detrimento de su rentabilidad.

Conocemos una empresa pequeña que utiliza un método sencillo de su propia invención para abordar la cuestión de dar o no crédito a sus clientes. Ha identificado los rasgos que quiere que tengan sus clientes, e incluso ha puesto nombre a su cliente ideal: Bob. Las cualidades de Bob son las siguientes:

- Trabaja para una gran empresa.

- Su empresa tiene fama de pagar sus facturas puntualmente.

- Entiende cómo funciona el producto y puede hacer el mantenimiento por su cuenta (la empresa fabrica productos tecnológicos complejos).

- Quiere establecer una relación permanente.

Si un nuevo cliente satisface estos criterios, obtendrá crédito de este pequeño fabricante. Si no, no. Gracias a esta política, la empresa ha podido mantener su periodo medio de cobro bastante bajo y crecer sin tener que realizar inversiones de capital adicionales.

Todo este tipo de decisiones pueden tener un gran impacto en las cuentas por cobrar y, por lo tanto, en el fondo de maniobra. Reducir el periodo medio de cobro aunque sea un solo día puede ahorrarle a una empresa millones de dólares al día.

Gestionar las existencias

En la actualidad, muchos directivos (¡y consultores!) se centran en el inventario. Se esfuerzan por reducirlo siempre que sea posible. Utilizan expresiones de moda como **fabricación esbelta, gestión justo a tiempo del inventario** y **cantidad económica de pedido** (EOQ por sus siglas en inglés: *Economic Order Quantity*). El motivo de que se preste tanta atención a las existencias es precisamente el tema del presente capítulo. Una gestión eficiente de las existencias reduce el fondo de maniobra necesario porque libera grandes cantidades de dinero líquido.

El desafío consiste en reducir el inventario al mínimo nivel y garantizar al mismo tiempo que las materias primas y las piezas estarán disponibles cuando sea necesario y que cualquier producto estará listo para ser vendido cuando el cliente lo pida. Lo que debe hacer constantemente un fabricante es hacer pedidos de materias primas, producir cosas y guardarlas para entregarlas a los clientes. Los mayoristas y distribuidores deben reponer sus existencias regularmente para evitar el temido agotamiento de stocks: que un producto no esté disponible cuando lo quiere el cliente. Y, sin embargo, puede considerarse cualquier producto que esté en almacén como dinero en efectivo congelado, es decir, dinero que la compañía no puede utilizar con otros propósitos. ¿Exactamente cuánto inventario es necesario para satisfacer los pedidos de los clientes minimizando la cantidad de efectivo congelado? Ésa es la pregunta del millón (y el motivo por el que se contrata a tantos consultores).

Distintos tipos de directivos influyen en el uso que la empresa hace de su inventario, lo que significa que todos esos directivos pueden contribuir a reducir el nivel necesario de fondo de maniobra. Por ejemplo:

- A los **vendedores** les encanta decir a los clientes que pueden darles exactamente lo que desean. ¿Un trabajo de pintura a medida? Ningún problema. ¿Opciones varias y todos los extras? Ningún problema. Pero cualquier variación precisa un poco más de inventario, es decir, un poco más de dinero líquido. Por supuesto, los clientes deben quedar satisfechos. Pero esta razonable necesidad debe equilibrarse con el hecho de que tener existencias cuesta dinero. Cuantos más productos estándar con variaciones limitadas puedan vender los comerciales, menos inventario tendrá que mantener la empresa.

- A los **ingenieros** también les encanta tener opciones y añadir extras. De hecho, trabajan constantemente en la mejora de los productos de la empresa, sustituyendo la versión 2.54 por la versión 2.55 y así sucesivamente. También en este caso se trata de un objetivo empresarial muy loable, pero debe compensarse en relación con las necesidades de inventario. Muchas versiones de producto representan una carga para la gestión de las existencias. Cuando una línea de productos se simplifica con sólo unas pocas opciones intercambiables, las existencias se reducen y su gestión se convierte en una tarea menos ardua.

- Los **departamentos de producción** ejercen una enorme influencia sobre el inventario. Por ejemplo, ¿cuál es el porcentaje de tiempo muerto de las máquinas? Si se producen averías a menudo, la empresa necesitará más inventario de trabajo en curso y de productos acabados. Por otro lado, ¿cuál es el tiempo medio entre transiciones? Las decisiones acerca de cómo fabricar una pieza determinada tienen un enorme impacto en las necesidades de inventario. Incluso la disposición de la planta afecta al inventario: un flujo de producción bien diseñado en una planta eficiente minimiza la necesidad de existencias.

Del mismo modo, cabe observar que muchas fábricas estadounidenses absorben una tremenda cantidad de capital de trabajo. Cuando la actividad empresarial está en tiempos bajos, siguen fabricando productos para mantener la eficiencia de la fábrica. Los gestores de planta se centran en mantener bajo el coste por unidad, a menudo porque se les ha inculcado ese objetivo durante tanto tiempo que ya no lo cuestionan. Han sido formados para eso, les han dicho que eso es lo que tienen que hacer y les pagan (con bonificaciones) por hacerlo.

Cuando la empresa va bien, este objetivo tiene mucho sentido: mantener bajo el coste por unidad es sencillamente una manera de gestionar todos los costes de producción de forma eficiente. (Es el antiguo enfoque de centrarse únicamente en la cuenta de resultados, que dentro de sus limitaciones está bien.) Cuando la demanda baja, sin embargo, el gestor de planta debe tener en cuenta el coste por unidad, pero también la liquidez de la empresa. Una fábrica que siga generando productos en esas circunstancias simplemente está creando más inventario que ocupará espacio en un estante. Ir al trabajo y leer un libro puede ser mejor que fabricar un producto que no está listo para ser vendido.

Cualquier empresa grande puede ahorrarse millones de dólares en dinero líquido y reducir así sus necesidades en términos de fondo de maniobra introduciendo ligeras mejoras en su gestión del inventario.

———————

Karen Berman y **Joe Knight** son los dueños del Business Literacy Institute, con sede en Los Ángeles. El coautor, **John Case**, ha escrito varios libros populares sobre gestión empresarial.

¿Cuál es tu modelo de fondo de maniobra? Estudio de caso

John Mullins y Randy Komisar

Imagínate un modelo de fondo de maniobra en el que tus clientes pagan antes incluso de que el producto o el servicio se produzca y entregue. Parece buena idea, ¿verdad? Considera el sector de las publicaciones periódicas con suscripción. Desde la esencial *Kiplinger Letter* (boletín de finanzas personales con suscripción) hasta el complejo *New York Times*, las empresas del sector de las publicaciones periódicas históricamente han tenido un fondo de maniobra negativo.

¿Por qué? Estos editores —publiquen boletines, periódicos o revistas— tienden a no tener ningún tipo de

Citado de *Getting to Plan B: Breaking Through to a Better Business Model* (producto #5371BC), de John Mullins y Randy Komisar, Harvard Business Review Press, 2009.

inventario, sólo algo de papel y tinta. Tan pronto como imprimen la edición actual, sale por la puerta. Además, las cuotas de suscripción se cobran mucho antes de imprimir y enviar la publicación. Eso es positivo si lo que quieres es reducir el fondo de maniobra. Para el editor, el dinero en efectivo que paga el suscriptor por adelantado es lo que los contables llaman un **pasivo** (suscripciones no devengadas o ingresos diferidos, nombre que suelen recibir en los estados financieros de los editores), puesto que el editor ahora le «debe» las próximas ediciones al suscriptor. El resultado de todo ello: **activos corrientes** modestos (limitados sobre todo a cuentas por cobrar de la publicidad aún no pagada), grandes **pasivos corrientes** (las ediciones debidas durante el resto del año, por ejemplo) y un **fondo de maniobra** negativo.

Dow Jones & Company (Dow Jones) —conocida por su periódico, el *Wall Street Journal*, y su índice bursátil, el Promedio Industrial Dow Jones— es un buen ejemplo de capital de trabajo negativo. Su negocio se basó en este modelo de fondo de maniobra durante más de un siglo. Hasta que llegó la revolución digital. ¿Era la hora de pasarse a un plan B?

Empecemos por el principio. Dow Jones fue fundada en Nueva York en 1882 por Charles Henry Dow, Edward Davis Jones y Charles Milford Bergstresser. Al principio la prensa escrita fue su negocio principal: empezó produciendo unos boletines diarios de noticias escritas a mano, llamados *flimsies*, que los mensajeros entregaban a los suscritores de la zona de Wall Street de Manhattan. En 1883 la compañía empezó a publicar la *Customers' Afternoon Letter*, que seis años más tarde se convertiría en el *Wall Street Journal*. Este periódico de cuatro páginas valía 2 céntimos. La publicidad en él costaba 20 céntimos por línea. En 1902, Clarence Barron, que fue uno de los primeros empleados de Dow Jones, compró Dow, Jones & Company por 130.000 $. En 1921 creó una publicación financiera semanal, *Barron's*. Décadas más tarde, en los años 1970, Dow Jones se diversificó comprando varios periódicos locales, incrementando su circulación y alcance, y reduciendo su dependencia de los mercados financieros.

Pero a finales de los años ochenta, con la llegada de los medios digitales, como los terminales Bloomberg, presentes en todos los escritorios del mundo financiero, el *Wall Street Journal* empezó a perder suscriptores. Su circulación pasó de un máximo de 2,11 millones en 1983 a 1,95 millones en 1989. Los beneficios bajaron. El mundo editorial estaba cambiando, había llegado internet y la edición electrónica se convirtió en el plan B de Dow Jones. Pero pasar de la prensa escrita a la digital no era tarea fácil. Que creyeran que era posible fue un enorme acto de fe.

Valoremos el modelo de fondo de maniobra que tenía Dow Jones al final del apogeo de la vieja economía, en 1992. Éstos eran los elementos no líquidos de su fondo de maniobra en ese momento:

- Activo corriente (salvo efectivo) = 37 días

  - Inventario: 4 días

  - Cuentas por cobrar: 33 días (los suscritores pagan por adelantado, pero los anunciantes en mora; esta cifra refleja lo segundo)

- Pasivo corriente = 109 días

  - Cuentas por pagar: 70 días

  - Suscripciones no devengadas: 39 días (suscripciones cobradas pero no entregadas)

- Neto de estos elementos = –72 días

Es decir, dinero líquido de los clientes por valor de 72 días, o un 20% (72 días sobre los 365 días del año = 19,7%) de los 1.800 millones de dólares de ingresos de 1992, que Dow Jones podía utilizar para otras cosas. ¡Es como tener 360 millones de dólares de dinero gratis para comprar imprentas, para pagar salarios o para poner en marcha nuevos negocios...! Pagando a sus proveedores (de papel y tinta de periódico, entre otras cosas) en 70 días de promedio y cobrando por adelantado las suscripciones a sus publicaciones y noticias de agencia, Dow Jones literalmente podía utilizar el dinero de otras personas para pagar sus facturas. Pero el juego estaba cambiando. ¿Tendría que cambiar también el modelo de fondo de maniobra, esencial para el éxito de cualquier editor?

Dow Jones se pasa a lo digital

En 1992 la compañía ya había lanzado DowVision, un servicio de noticias personalizado para los clientes corporativos de Dow Jones. DowVision suministraba publicaciones del *Wall Street Journal*, el *New York Times*, el *Financial Times*, el *Washington Post* y el *Los Angeles Times*, junto con una primera versión de las noticias de agencia de Dow Jones, directamente a los despachos corporativos. Satisfecho con sus primeros progresos, en 1995 el equipo directivo de Dow Jones hizo pública su nueva estrategia.

«Estamos trasladando nuestros estándares editoriales a internet, donde la superabundancia de información hace que encontrar un dato requiera mucho tiempo de búsquedas infructíferas.» Dow Jones identificó dos segmentos para sus servicios electrónicos —individuos o pequeñas empresas, y grandes compañías— y quería servir a ambos grupos. Desarrolló nuevos servicios en línea para individuos y pequeñas empresas, permitiéndoles usar una tarjeta de crédito para suscribirse o pagar por la descarga de paquetes específicos de información, como artículos. Las grandes empresas, en cambio, tenían que firmar contratos anuales para acceder a la información de Dow Jones y pagar por adelantado, por supuesto. El equipo directivo de la compañía no había olvidado que las suscripciones eran lo que había permitido que la empresa llegara tan lejos.

Poco después crearon el suplemento electrónico de la sección «Dinero e inversiones» del *Wall Street Journal* en papel, conocido como la edición interactiva del *Wall Street Journal* (más tarde *WSJ Online* en WSJ.com). Con este servicio de suscripción al periódico en formato electrónico, los particulares podían consultar los artículos en internet. Tanto DowVision como The Publications Library, un archivo de noticias, se pusieron a disposición de los internautas, principalmente de grandes empresas como herramientas de investigación, por el precio de una suscripción.

De 1999 a 2006, Dow Jones aceleró su desarrollo digital a través de una colaboración con Reuters para crear Factiva, fuente en línea de noticias mundiales actuales y de archivo, con un servicio de suscripción por adelantado, por supuesto. Asimismo, creó NewsPlus, una versión mejorada de las noticias de agencia de Dow Jones para la web; y Dow

Jones Financial Information Services, que proporcionaba a los profesionales de las finanzas un acceso adicional a medios, información y directorios electrónicos. También adquirió MarketWatch.com, que suministraba noticias de negocios y finanzas en internet. El plan B de Dow Jones estaba totalmente en marcha.

En 2006, Dow Jones fue más allá y se deshizo de algunos de sus productos en papel para priorizar sus productos digitales. Lanzó Barron's Online y adquirió la totalidad de Factiva, de modo que puso fin a la colaboración con Reuters. En diciembre vendió seis de los periódicos locales que había publicado durante años. Rich Zannino, CEO de la compañía, declaró: «Esta venta y la adquisición pendiente de Factiva son los últimos ejemplos de nuestro compromiso para transformar Dow Jones de una empresa muy dependiente de los ingresos de las publicaciones impresas a una compañía más diversificada capaz de satisfacer las necesidades de sus clientes en todos los canales para consumidores y empresas: papel, internet, móvil y otros».

¿Sigue funcionando su modelo de fondo de maniobra basado en suscripciones?

El equipo directivo de Dow Jones estaba formado por veteranos que entendían perfectamente el papel crucial que desempeñaba el capital de trabajo en la industria editorial. Al pasarse al plan B y el nuevo modelo de ingresos digitales, conservaron un elemento fundamental del plan A: el modelo de fondo de maniobra de la compañía. Analicemos los números de Dow Jones en 2006 para ver qué ocurrió:

- Activo corriente (salvo efectivo) = 58 días
  - Inventario: 3 días
  - Cuentas por cobrar: 55 días
- Pasivo corriente = 135 días
  - Cuentas por pagar: 88 días
  - Suscripciones no devengadas: 47 días
- Neto de estos elementos = –77 días

El fondo de maniobra de Dow Jones llegó hasta los –77 días en 2006 (¡en comparación con los –72 de 1992!). Los cimientos del modelo, suscripciones por adelantado, aún seguían en pie. La compañía seguía cobrando por las suscripciones tradicionales al *Wall Street Journal* y los periódicos locales que conservaba, así como por *Barron's*, Factiva y sus noticias de agencia. La mayor parte de componentes de *Barron's Online* y WSJ.com precisaban una suscripción, igual que algunos elementos de MarketWatch. Los índices de Dow Jones se basaban tanto en suscripciones como en licencias. Y podía obtenerse una licencia de *Dow Jones Online News* pagando una cuota. Sólo algunos de sus experimentos, como CareerJournal.com, RealEstateJournal.com y OpinionJournal.com, estaban libres de suscripción.

El negocio se había transformado sin tener que pedir dinero a los inversores, financiándose en gran parte con el dinero líquido de los clientes y conservando intacto su valioso modelo de fondo de maniobra. ¿Los resultados para los accionistas de Dow Jones? El beneficio neto se triplicó a partir de prácticamente los mismos 1.800 millones de dólares de ingresos, pasando de 107 millones en 1992 a 386 millones en 2006. Y tal vez en señal de reconocimiento a la exitosa transición de la compañía a la era digital, la News Corporation de Rupert Murdoch adquirió Dow Jones por 5.000 millones de dólares en agosto de 2007. Es de destacar que Murdoch, seguramente gracias a los veteranos de Dow Jones, mantuvo intacto su modelo de fondo de maniobra negativo basado en suscripciones, a pesar de que antes de la adquisición declaró que el acceso a *WSJ Online* sería gratuito y con anuncios.

Lecciones de Dow Jones

Dow Jones & Company nos enseña que un capital de trabajo negativo resulta útil a la hora de afrontar cambios radicales, como los que tuvieron lugar durante la revolución digital. Este modelo proporciona dinero líquido del cliente con el que desarrollar nuevos productos y estrategias para dirigirse hacia el plan B. También fue importante que el equipo directivo fuera capaz de identificar nuevos tipos y formas de contenido —nuevos productos, cada uno de los cuales exigía un acto de fe inicial— que los consumidores individuales y corporativos valoraran y pagaran.

Por sí mismo, un modelo de fondo de maniobra mejor no es suficiente. En efecto, este hecho lo demuestra la inyección de liquidez que el *New York Times* necesitó en enero de 2009 para mantenerse a flote, liquidez que aportó Carlos Slim, el multimillonario mexicano. El *Times* no había sido tan innovador como Dow Jones a la hora de crear ofertas digitales generadoras de liquidez para hacer su propia transición al mundo digital. Mientras que Dow Jones mantuvo en gran parte su modelo basado en suscripciones, el *New York Times* ofreció acceso gratuito al *New York Times Online*.

Dow Jones & Company también enseña cómo un poderoso modelo de fondo de maniobra, común a todo un sector en este caso, permite cambios en otras partes de la estrategia de una empresa y hace que cambios aparentemente desgarradores se desarrollen suavemente. Aunque el viaje no resultó siempre fácil para Dow Jones —sufrió un par de años de pérdidas—, su transición a la era digital fue, en su mayor parte, exitosa. Sin embargo, a veces los innovadores necesitan introducir nuevos y diferentes modelos de fondo de maniobra en una industria ya madura. Pero, si lo hacen, ¡vigila!

John Mullins es profesor asociado de prácticas de gestión en la London Business School. **Randy Komisar** es socio de Kleiner Perkins Caufield & Byers y profesor de emprendimiento en la Universidad de Stanford.

Aprende la lengua del ROI

John O'Leary

Hoy en día nadie consigue que le aprueben un desembolso de dinero si no puede demostrar que tendrá un retorno económico. Y por eso los profesionales no financieros deben conocer bien el misterioso léxico de la **rentabilidad sobre la inversión o ROI** (por sus siglas en inglés: *Return On Investment*), que incluye términos como **punto de equilibrio, tasa interna de rentabilidad** y **flujo de caja descontado**.

Alguien responsable de tomar o contribuir a tomar decisiones financieras debe conocer estos conceptos al dedillo. Pero en demasiadas empresas sólo los expertos en finanzas entienden de verdad el ROI.

Supongamos que quieres gastar 200.000 dólares en un nuevo sistema para hacer llamadas. Estás muy motivado porque reducir el tiempo de espera de 60 a 30 segundos

Adaptado de *Harvard Management Update* (producto n.º U0210A), octubre de 2002.

impulsará la satisfacción y la fidelidad de los clientes. Por muy importantes que sean este tipo de mejoras, no son lo que más importa a los responsables del departamento de finanzas, que siempre van con la calculadora en la mano. Para ellos, el beneficio clave es si sumamos dinero al resultado neto del ejercicio. Puesto que son quienes tomarán una decisión respecto a tu proyecto, no sólo tendrás que entender cómo mejorará los beneficios el nuevo sistema, sino que también deberás utilizar el lenguaje de los modelos financieros para defender tu iniciativa.

Para conseguir fondos, sobre todo cuando la empresa vaya justa de dinero, esto es lo que tendrás que aprender.

Modelización de flujos de caja

Un análisis del ROI te permite comparar resultados financieros entre dos (o más) alternativas de negocios. ¿Debemos gastar X dólares en el proyecto A o Y dólares en el proyecto B? ¿Nos conviene más comprar o alquilar? ¿Qué es mejor, desarrollar este producto internamente o externalizarlo?

Para responder a estas preguntas debes elaborar una justificación económica: una historia financiera basada en hechos, supuestos razonables y lógica. En el centro de esta historia está la descripción del flujo de caja previsto. Una proyección de tesorería ofrece estimaciones del impacto financiero neto de una decisión a lo largo de un periodo determinado. Para elaborar la proyección, debes documentar no sólo la previsión de todos los costes y beneficios de la decisión, sino también el periodo de tiempo en el que se producirán. La mayoría de los cálculos del ROI tratan de proyectar entre tres y cinco años.

En este punto es importante subrayar la diferencia entre un análisis del ROI y una cuenta de resultados o de pérdidas y ganancias. El análisis del ROI se basa en el dinero en efectivo, mientras que la cuenta de resultados utiliza principios de contabilidad estándares para repartir los costes de forma razonable. Por ejemplo, en una cuenta de resultados, el gasto correspondiente a un equipamiento con una vida útil de cinco años puede amortizarse de forma lineal a lo largo de ese tiempo, con un 20% del coste registrado en la cuenta de resultados cada año. En un estado de flujo de caja, el pago se registra justo en el momento en el que se realiza efectivamente.

ELABORAR LA JUSTIFICACIÓN FINANCIERA

El siguiente análisis del ROI hace proyecciones para el lanzamiento de un nuevo producto ficticio, el RT-200. Como hacen muchos análisis del flujo de caja, esta hoja de cálculo compara las consecuencias financieras de invertir en el lanzamiento del RT-200 con la alternativa de no lanzar el producto (que no implica ningún coste ni rentabilidad).

Miles de dólares	Año 1	Año 2	Año 3	Año 4	Total
Beneficio financiero (ingresos o ahorro de costes)					
Ingresos	–	500	1.000	1.500	3.000
(Ingresos perdidos)	(50)	(100)	(100)	(100)	(350)
Ahorro de Costes	–	100	120	130	350
Beneficio total	(50)	500	1.020	1.530	3.000
Inversiones/gastos de capital:					
Hardware	600	–	100	–	700
Licencias	200	–	–	–	200
Desarrollo	500	–	–	100	600
Subtotal capital	1.300	–	100	100	1.500

(continúa)

(continuación)

Gastos de explotación:

Plantilla	25	25	25	25	100
Fabricación		55	90	155	300
Marketing		420	130	50	600
Subtotal explotación	25	500	245	230	1.000
Total inversiones	1.325	500	345	330	2.500

Rentabilidad sobre la inversión **Total rentabilidad = 500 $**

	Año 1	Año 2	Año 3	Año 4	Total
Total flujo de caja	(1.375)	–	675	1.200	500
Flujo de caja descontado (Valor actual) Supone una tasa de descuento del 10%	(1.375)	–	557	902	84

Análisis del ROI final del proyecto RT-200:

- El proyecto costará 2,5 millones de dólares en gastos de explotación y capital durante los próximos cuatro años, pero generará 3 millones de dólares en ingresos adicionales y ahorro de costes, de modo que el ROI a cuatro años será del 20%.

- El proyecto alcanzará el punto de equilibrio durante el cuarto año.

- El plazo de recuperación para esta inversión será de entre tres y cuatro años.

- El valor actual neto de esta inversión es de 84.000 $ suponiendo una tasa de descuento (o coste de capital) del 10%.

- La tasa interna de rentabilidad es del 12,5%.

A menudo un elemento importante a la hora de elaborar un flujo de caja es traducir ventajas «abstractas» en números concretos. Si trabajas en una aerolínea y quieres aumentar el espacio para las piernas de los pasajeros, es fácil calcular los costes concretos que implica eliminar varias filas de asientos. Pero ¿cómo cuantificar los beneficios que reporta que tus pasajeros estén más cómodos y satisfechos?

Un método para hacerlo consiste en referirse a los datos de una encuesta, según la cual, digamos, el 10% de los pasajeros afirman que estarían dispuestos a pagar un 15% más por tener más espacio para las piernas. Además, hay que estimar el impacto económico de conseguir una mayor fidelización del cliente gracias a unos asientos más amplios, así como los nuevos clientes que se pueden captar con ello. Quizá quieras hacer una hoja de cálculo para ver cómo cambian las estimaciones del beneficio financiero en función de los supuestos de los que partas.

Cuando hayas acabado de estimar todos los flujos de caja positivos y negativos vinculados a la decisión en cuestión, resume el flujo de efectivo calculando el impacto neto para cada periodo. En este punto, ya podrás empezar a analizar los resultados sirviéndote de los siguientes métodos de comparación:

- **Plazo de recuperación.** Este es el momento en el que se han recuperado todos los costes incurridos. Muchas empresas tienen un límite de entre cinco y siete años para el plazo de recuperación.

- **Punto de equilibrio.** Este es el momento en el que se igualan los ingresos obtenidos y los gastos y costes realizados. El tiempo entre el punto de equilibrio y el final del plazo de recuperación variará de acuerdo con el ritmo al que los ingresos superen los costes una vez alcanzado el punto de equilibrio.

- **Flujo de caja descontado.** Se trata de un flujo de caja resumido que representa el valor temporal del dinero, que introduce ajustes para tener en cuenta el hecho de que 100 dólares recibidos hoy valen más que 20 dólares en los próximos cinco años. El flujo de caja descontado indica el impacto de tu proyecto en dinero de hoy. El valor actual de 100 dólares en el futuro se calcula con la siguiente fórmula:

$$\text{Valor actual} = 100 \, \$ \, / \, (1+x)^n$$

donde n es el número de años en los que el beneficio (o coste) se producirá y x es el tipo de interés expresado en centésimas.

- **Valor actual neto (VAN).** Es la suma de todos los valores actuales en el flujo de caja descontado y nos da una idea del tamaño absoluto de la rentabilidad que se espera de un proyecto. Como ilustra el ejemplo, un VAN de 84.000 $ significa que el beneficio financiero global previsto del proyecto es equivalente a tener una ganancia inmediata de 84.000 $ (véase «Elaborar la justificación financiera» en la página 111). El VAN debe analizarse a la luz del tamaño de la inversión que se realizará, que en este caso es de 2,5 millones de dólares. Aunque un VAN superior a cero indica que hacer el proyecto es preferible a no hacerlo, en la práctica el VAN de referencia que se debe superar no es cero, sino las ganancias que la inversión podría reportar en otro proyecto. (Es fácil calcular el VAN en una calculadora empresarial o una computadora.)

- **Tasa interna de rentabilidad.** Este es el tipo de interés al que el flujo de caja descontado da lugar a un valor actual neto de cero. Esta medida tiene una utilidad limitada, pues no nos informa de cuánto tiempo disfrutaremos de una determinada tasa de rendimiento ni tampoco nos señala la cantidad de dólares de la rentabilidad. De hecho, un análisis puro de la tasa interna de rentabilidad puede dar lugar a malas decisiones respecto a inversiones en conflicto.

Consigue que te aprueben el presupuesto

Realizar el análisis del ROI no es más que el primer paso. Ahora debes presentarlo al departamento de finanzas. No les aburras con un discurso sobre la satisfacción del cliente y reducir los tiempos de ciclo. Utiliza el análisis del ROI para detallar cómo generará tu proyecto dinero para la empresa.

Volvamos al ejemplo del sistema de llamadas automatizado: al defender tu inversión ante el departamento de finanzas, debes centrarte en cómo unos tiempos de espera más cortos evitarán que los clientes se cambien a otra compañía, lo que se traducirá en mayores ingresos. Además, el nuevo sistema de llamadas precisará menos personal de atención al cliente, algo que también se traducirá en menores costes.

Hablar en primer lugar del dinero te permitirá atrapar la atención de tu público, pues estarás hablándoles de su pasión, no de la tuya. Si describes tu iniciativa con las palabras que mejor entienden los expertos en finanzas, tendrás más puntos para ganarte su aprobación.

John O'Leary, escritor empresarial de Boston, es autor de *Revolution at the Roots* (Free Press, 1995), libro sobre buenas prácticas en el sector público.

Herramientas prácticas para tomar decisiones de gestión

Las finanzas y la contabilidad proporcionan un valioso conjunto de herramientas prácticas para responder algunas de las preguntas de gestión más importantes que tendrás que resolver:

- ¿Cuáles son los costes y beneficios de una inversión en particular?

- ¿Cuál es su rentabilidad estimada?

- ¿Cuánto tardará tu empresa en recuperar la inversión?

- ¿Cuántas unidades tendrá que vender a un determinado precio simplemente para llegar al punto de equilibrio?

Adaptado de *Harvard Business Essentials: Finance for Managers* (producto n.º 5856BC), Harvard Business Review Press, 2002

- ¿Tiene tu empresa el equilibrio adecuado entre costes fijos y variables?

- ¿Cómo estimar costes y beneficios no cuantificables?

Análisis de costes y beneficios

Supongamos que Percheros SA está considerando dos opciones de inversión: (1) comprar una nueva máquina y (2) crear una nueva línea de productos. La nueva máquina es una extrusora de plástico de alta temperatura con tecnología inteligente: cuesta 100.000 dólares. Percheros SA cree que esta máquina le ahorrará tiempo y dinero a largo plazo y es más segura que la maquinaria actual. La segunda opción, lanzar una nueva línea de perchas para abrigos, requiere una inversión de 250.000 dólares en fabricación, equipamiento y diseño. ¿Cómo puede Percheros SA decidir si las opciones tienen sentido desde un punto de vista económico? Realizando un **análisis de costes y beneficios**. Este análisis implica evaluar si, en un periodo de tiempo determinado, los beneficios superarán los costes.

Primero, sin embargo, es importante entender el coste de mantener la situación tal como está. Queremos sopesar las ventajas relativas de cada inversión frente a las consecuencias negativas, si es que las hay, de no hacer ninguna inversión.

Para hacer el análisis de costes y beneficios, hay que seguir los siguientes pasos:

1. **Identificar los costes vinculados con la nueva oportunidad de negocio.** Considera los costes directos de este año más los que anticipas en los años siguientes.

2. **Identificar los beneficios de los ingresos adicionales que implicará la inversión.** Estos ingresos pueden proceder de más clientes o de más compras de los clientes existentes. Asegúrate de tener en cuenta los nuevos costes vinculados a la inversión; en última instancia, eso significa que estarás valorando su rentabilidad.

3. **Identificar los ahorros en costes.** Algunos son obvios; otros, más sutiles y difíciles de cuantificar. Un procesamiento más eficiente, por ejemplo, puede ahorrarte dinero porque se precisa menos personal para realizar el mismo trabajo, porque el proceso requiere menos pasos o porque el tiempo que lleva cada paso disminuye.

4. **Traza una línea cronológica de los costes e ingresos previstos.** ¿Cuándo prevés el pago de los costes? ¿En qué incrementos? ¿Cuándo esperas recibir los beneficios (ingresos adicionales o ahorros en costes)? ¿En qué incrementos?

5. **Evalúa los beneficios y costes no cuantificables.** Puede haber varios, tales como una inversión que refuerce la posición de la empresa o, por el contrario, una que añada complejidades innecesarias en sus productos u operaciones.

Una vez realizados todos los pasos, podrás empezar a valorar las oportunidades de inversión utilizando las siguientes herramientas analíticas: rentabilidad sobre la inversión contable, plazo de recuperación y análisis del punto de equilibrio.

Rentabilidad sobre la inversión contable

La **rentabilidad sobre la inversión (ROI)** —o para usar el término más técnico, la **rentabilidad sobre la inversión contable**— no siempre es la mejor medida para evaluar el éxito de una inversión. Pero, puesto que los directivos siguen utilizando el ROI, vale la pena entender cómo lo consideran. El ROI contable puede tomar la forma de ahorro de costes, incremento de beneficios o apreciación del valor. Veamos la manera más sencilla de calcularlo, aunque, como veremos, no es demasiado realista. Empezaremos determinando la rentabilidad neta, simplemente restando el coste total de la inversión de los beneficios totales recibidos. Así pues, para calcular el ROI, divides la rentabilidad por el coste total de la inversión.

Supongamos que la nueva máquina de 100.000 $ que Percheros SA contempla comprar da lugar a 18.000 $ en ahorros al año durante toda su vida útil, que se estima que será de siete años. En consecuencia, el total de ahorros será de 126.000 $ (18.000 × 7), lo que da una rentabilidad neta de 26.000 $ (126.000 – 100.000). Si dividimos la rentabilidad neta (26.000) por el coste total de la inversión (100.000), obtenemos un ROI del 26%.

Pero esa no es la rentabilidad sobre la inversión real, ya que no tiene en cuenta el valor temporal del dinero. Por ejemplo, ¿qué preferirías tener (presuponiendo riesgos iguales): una inversión que te diera un retorno del 26% en un año o una que te diera la misma rentabilidad al final de siete años? Está claro. Cualquier inversor racional va a querer el dinero cuanto antes mejor. Por lo tanto, los cálculos del ROI real siempre deben tomar en consideración el valor temporal del dinero. En función de los supuestos de los que partamos, el ROI real de la máquina extrusora puede ser del 5% o el 10% en lugar del 26%.

¿Alguno de estos porcentajes podría constituir una buena rentabilidad de la inversión? Por sí solas, estas cifras no tienen demasiado sentido, puesto que calcular el ROI sirve para comparar retornos sobre el dinero que una compañía invierte internamente con retornos disponibles en otros lugares con **el mismo nivel de riesgo**. El concepto de riesgo equivalente es muy importante. Todos los inversores exigen mayor rentabilidad para mayor riesgo. No tiene sentido comparar los retornos que la empresa cree que puede obtener de una inversión en A, una ampliación relativamente segura de una línea de productos existente, con una inversión en B, una gama de productos totalmente nueva para una mercado no probado. Los niveles de riesgo de las dos inversiones sencillamente no son equivalentes. La inversión de mayor riesgo debería dar lugar a una rentabilidad potencial más alta.

Plazo de recuperación

Las empresas también quieren saber cuál es el **plazo de recuperación**: cuánto tardará una inversión determinada en pagarse sola. Ya sabemos que la previsión es que la extrusora de plástico genere unos ahorros anuales de 18.000 dólares. Para determinar el plazo de recuperación, divide la suma total de la inversión por los ahorros anuales previstos. En este caso, 100.000 dividido por 18.000 es igual a 5,56. Dicho de otro modo, la máquina se habrá pagado por sí sola en unos cinco años y medio.

¿Qué ocurre si presuponemos que la extrusora dejará de funcionar al cabo de cuatro años en lugar de cinco?

Entonces la inversión deja de ser atractiva: ciertamente será menos atractiva que una inversión con un ROI similar y un plazo de recuperación de tres años. Como herramienta analítica, el plazo de recuperación sólo te dice una cosa: cuánto tiempo será necesario para reponer la inversión. Aunque no es útil para comparar alternativas reales, algunos ejecutivos aún lo emplean.

Análisis del punto de equilibrio

El **análisis del punto de equilibrio** te dice cuánto (o cuánto más) necesitas vender para pagar la inversión fija: es decir, en qué momento se igualará el flujo de caja. Con esta información, podrás analizar la demanda del mercado y la cuota de mercado de la competencia para determinar si es realista prever vender tanto. El análisis del punto de equilibrio también puede ayudarte a reflexionar acerca del impacto que pueda tener cambiar las relaciones entre precio y volumen.

La mayoría de las compañías realizan análisis del punto de equilibrio sobre la base de los ingresos y el margen de beneficio bruto. Aquí simplificaremos y lo calcularemos sobre la base del volumen de unidades, para que puedas ver la realidad subyacente. Nuestro cálculo del punto de equilibrio te ayudará a determinar el nivel de volumen al que la contribución total después de impuestos de una línea de productos o una inversión cubre sus costes fijos totales.

Antes de realizar el cálculo, tienes que entender sus componentes:

- **Costes fijos.** Son los gastos que se mantienen casi siempre igual, con independencia de la cantidad de unidades de un producto o servicio que vendas: costes como seguros, salarios de gestión y pagos de alquiler. Por ejemplo, el alquiler de la fábrica siempre será el mismo, independientemente de si la empresa produce 10.000 o 20.000 unidades, igual que el seguro.

- **Costes variables.** Los costes variables son los que cambian según el número de unidades producidas y vendidas. Son ejemplos la mano de obra y las materias primas. Cuantas más unidades produzcas, más elementos de estos consumirás.

- **Margen de contribución.** Esta es la cantidad de dinero con la que cada unidad vendida contribuye a pagar los costes fijos. Se define como el ingreso neto por unidad menos los costes variables (o directos) por unidad.

Una vez entendidos estos conceptos, podemos realizar el cálculo con la siguiente ecuación:

volumen de punto de equilibrio = costes fijos / margen de contribución por unidad

Primero hay que determinar el margen de contribución por unidad restando los costes variables por unidad del ingreso neto por unidad. Luego dividimos el total de costes fijos, o la cantidad de la inversión, por el margen de contribución por unidad. El cociente es el volumen de punto de equilibrio, esto es, el número de unidades que hay que vender para cubrir todos los costes fijos.

Para ver un análisis del punto de equilibrio en la práctica, volvamos al ejemplo de la extrusora de plástico.

Supongamos que cada perchero producido por la extrusora se vende a 75 $ y el coste variable por unidad es de 22 $:

75 $ (precio por unidad) − 22 $ (coste variable por unidad) = 53 $ (margen de contribución por unidad)

En consecuencia:

100.000 $ (inversión total necesaria) / 53 $ (margen de contribución por unidad) = 1.887 unidades

Dicho de otro modo, Percheros SA debe vender 1.887 percheros para recuperar su inversión de 100.000 $. Visto esto, la empresa debe determinar si el volumen de punto de equilibrio es alcanzable: ¿es realista vender 1.887 percheros adicionales y, si lo es, con cuánto tiempo?

UNA COMPLICACIÓN EN EL PUNTO DE EQUILIBRIO

Nuestro análisis del punto de equilibrio de los percheros es un caso sencillo. Presupone que los costes son o bien fijos o bien variables y que la contribución de los gastos y unidades no cambiará si la producción aumenta o disminuye. Es probable que estos supuestos no se cumplan en la realidad. El alquiler puede ser fijo hasta cierto nivel de producción y luego incrementarse en un 50% si la empresa necesita una planta secundaria para absorber el incremento de la producción. Los costes laborales en realidad pueden ser un híbrido de gastos fijos y variables. Y al introducir más productos en el mercado, es posible que tengas que ofrecer descuentos, que reducen la contribución por unidad. Deberás ajustar el cálculo del punto de equilibrio para tomar en consideración una realidad compleja.

Apalancamiento operativo

Tu objetivo, por supuesto, no es llegar al punto de equilibrio, sino generar beneficios. Una vez cubiertos todos los costes fijos con la contribución de muchas ventas, cada venta adicional contribuye directamente a los beneficios. La ecuación anterior se puede formular de un modo ligeramente diferente:

ingreso neto por unidad – coste variable por unidad =
contribución a los beneficios por unidad

Verás rápidamente que cuanto más bajo sea el coste variable por unidad, mayor será la contribución a los beneficios. En el negocio farmacéutico, por ejemplo, el coste por unidad de producir y embalar una botella de un nuevo medicamento milagroso puede ser de un dólar o menos. Pero si la compañía puede vender cada botella por 100 dólares, obtendrá 99 dólares por botella en beneficios una vez que las ventas hayan superado el punto de equilibrio. Por supuesto, es posible que la compañía farmacéutica haya invertido 400 millones de dólares en gastos fijos para el desarrollo del producto sólo para poder producir la botella. Para llegar al punto de equilibrio tendrá que vender muchas botellas. Pero, si puede hacerlo, los beneficios serán extraordinarios.

La relación entre gastos fijos y variables suele describirse en términos de **apalancamiento operativo**. Las empresas con gastos fijos altos y gastos variables bajos tienen un apalancamiento operativo muy elevado. Es el caso de las compañías de la industria del software, por ejemplo, donde los gastos fijos en desarrollo de productos constituyen el grueso de los costes de la empresa, mientras que el gasto variable de los soportes en los que distribuye sus programas representa muy poco dinero. En cambio, las empresas con un apalancamiento operativo bajo tienen costes fijos relativamente bajos en relación con el coste total de fabricar cada unidad de producción. Un bufete de abogados, por ejemplo, tiene que hacer una inversión mínima en equipos y gastos fijos. La mayoría de sus costes son los honorarios que paga a sus abogados, que varían en función de las horas que facturen a sus clientes.

El apalancamiento operativo es algo fantástico una vez que la empresa supera el punto de equilibrio, pero puede provocar pérdidas notables si nunca lo alcanza. Dicho de otro modo, es arriesgado. Por eso los directivos se esfuerzan tanto por encontrar el equilibrio justo entre gastos fijos y variables.

Presupuesto vs. realidad de la División de Perchas para Abrigos de Percheros SA

	Presupuesto enero	Realidad enero	Desviación
Ingresos por perchas para abrigos	39.000	38.725	(275)*
Coste de mercancías vendidas	19.500	19.200	300
Beneficio bruto	19.500	19.525	25
Gastos de marketing	8.500	10.100	(1.600)
Gastos administrativos	4.750	4.320	430
Total gastos de explotación	13.250	14.420	(1.170)
Beneficio de explotación (EBIT)	6.250	5.105	(1.145)

*Todos los paréntesis indican desviaciones desfavorables.
Fuente: HMM Finance

Estimación de costes y beneficios no cuantificables

Puesto que los números pocas veces lo explican todo, también tendrás que tener en cuenta factores cualitativos. Por ejemplo, ¿hasta qué punto una posible inversión encaja con la estrategia y misión de la compañía? ¿Puede asumirla sin perder su centro de atención? ¿Qué probabilidades tiene de salir bien, dadas las condiciones del mercado?

Aunque estos factores no sean del todo cuantificables, intenta hacerlo en la medida de lo posible. Pongamos que estás evaluando el valor de la mejora en los datos —información exhaustiva más fácil de entender y más disponible— que implicaría una nueva inversión. Puedes intentar calcular un número que represente el valor del tiempo que los empleados ganan gracias a los datos o bien el valor de la mayor retención del cliente que genere el hecho de entender mejor sus pautas de compra. Este tipo de estimaciones no se tienen que incorporar necesariamente en el ROI u otros análisis cuantitativos, pero pueden resultar muy convincentes igualmente.

Valora los factores cuantificables y no cuantificables al mismo tiempo. Por ejemplo, si según los números una oportunidad de inversión sólo es marginalmente positiva, quizá quieras otorgar el mismo peso a consideraciones cualitativas (como la probabilidad de incrementar la fidelidad del cliente) en tu decisión final.

Seguimiento del desempeño

Una vez que hayas decidido aprovechar una oportunidad de inversión, debes hacer un seguimiento de sus progresos. Compara tus proyecciones con los ingresos y gastos reales. Es buena idea hacerlo una vez al mes para que puedas detectar posibles problemas lo antes posible. Teniendo esto en cuenta, veamos ahora las proyecciones para una nueva división de perchas para abrigos en Percheros SA. La tabla de la página 126 ilustra la situación a principios del primer trimestre.

Los ingresos y el coste de las mercancías vendidas de la división son razonables. Su única desviación negativa de importancia son los gastos de marketing. Puesto que los números se basan sólo en el primer mes, resulta difícil saber si esta desviación es únicamente una variación puntual o de temporada, o si es que Percheros SA tendrá que gastar más en marketing de lo previsto. Si la inversión no coincide con tu presupuesto y parece que la pauta de costes inesperadamente altos (o ingresos inesperadamente bajos) se va a mantener, puede que tengas que replantearte la iniciativa... y quizá tengas que cancelarla.

Sección 3
Los límites de los datos financieros

Esta parte del libro es un poco diferente del resto. En las secciones previas has aprendido los fundamentos de las finanzas. En esta sección encontrarás consejos sobre cómo evaluar lo que sabes, cómo utilizarlo de la forma más eficaz y cómo complementarlo con otros tipos de información.

¿Por qué hay que tener precaución? Básicamente porque tenemos tendencia a confiar demasiado en los números. La cuenta de resultados y el balance de situación pueden parecer precisos, pero no lo son. Reflejan todo tipo de presupuestos, estimaciones y decisiones de procedimiento, como el método de amortización utilizado. Además, muchos aspectos de un negocio no pueden expresarse con números, incluso cosas tan precisas como lo que aparece en el estado de flujo de caja. Así pues, al utilizar los estados financieros, debes tener sentido común con respecto a lo que te están diciendo y reconocer si pueden confundirte. Los artículos de esta sección te ayudarán a hacerlo.

Lo que los estados financieros no te dicen

John Case

En el año 2006, una de las empresas más grandes de Wall Street presentó tal vez los mejores resultados de su historia. Los beneficios marcaban un nuevo récord por cuarto año consecutivo; y el margen de beneficios antes de impuestos era del 30,1%. «Tras varios años reestructurando e invirtiendo en nuestro negocio, todos los componentes se combinan de modo que reflejan una compañía capaz de generar resultados sólidos y disciplinados con un tremendo potencial para tener éxito en el futuro», escribió el presidente en su carta dirigida a los accionistas.

La empresa era Merrill Lynch. Al año siguiente perdió 8.600 millones de dólares: «los peores resultados de la historia de Merrill Lynch», como reconoció el (nuevo) presidente. En el año 2008, Bank of America aceptó comprarla en una venta forzosa y en el año 2009 la empresa dejó de existir como entidad independiente.

· · ·

En el año 2010, el director ejecutivo de una gran empresa petrolífera se mostró enormemente satisfecho con los resultados financieros de la compañía durante el año anterior. Pese a un entorno económico difícil y precios del petróleo más bajos, la rentabilidad sobre ventas sólo había bajado una fracción de punto porcentual y, de hecho, la compañía había aumentado los dividendos de sus accionistas en un 2%. «Una [compañía] revitalizada mantuvo su impulso y generó sólidos resultados financieros y operativos, a la vez que continuó centrándose en operaciones seguras y fiables», escribió a sus accionistas el 26 de febrero.

La compañía petrolífera era BP. Menos de dos meses más tarde, explotó la plataforma petrolífera Deepwater Horizon, accidente en el que murieron 11 personas y que provocó el mayor derrame de petróleo en el mar de la historia. El coste final para BP —en términos de dinero, reputación, capacidad de operar en todo el mundo, etc.— no iba a conocerse durante años. Las propias estimaciones de BP en cuanto a costes directos alcanzaron los 40.000 millones de dólares.

Lúgubres historias como éstas sirven de advertencia acerca de lo que podemos deducir realmente analizando los estados financieros de una compañía. Es cierto que las finanzas son el lenguaje de los negocios y, si no lo hablas, estarás siempre en desventaja sea cual sea tu carrera empresarial.

Pero no te equivoques: los estados financieros sólo describen una parte de la realidad de una empresa y, de hecho, a veces es una parte engañosa.

Así pues, en este capítulo no nos centraremos en lo que los estados financieros nos dicen, sino en lo que **no** nos dicen. Los propios números pueden estar equivocados o ser engañosos. Puede que no digan nada acerca de todo tipo de problemas organizativos que influyen en el éxito de la empresa. Puede que capten una realidad empresarial que es verdadera por el momento, pero que está a punto de cambiar a raíz de acontecimientos externos. Un directivo inteligente siempre estará pendiente de los informes financieros, la medida definitiva de su empeño. Pero también estará muy pendiente de todos aquellos factores externos o no financieros que aparecen tarde o de forma confusa, o que no aparecen en absoluto, en los datos financieros. Como veremos, estos factores completan la imagen de la empresa.

Prestidigitación financiera

Una limitación de los estados financieros es que pueden manipularse. El objetivo, por supuesto, suele ser que la situación parezca mejor de lo que es.

La manipulación puede llegar a ser un fraude directamente. En noviembre de 2003, la empresa italiana Parmalat —gigante multimillonario de la alimentación con operaciones en decenas de países— no pagó un bono. Alarmados, los auditores y prestamistas empezaron a analizar los libros de la empresa, que parecían indicar que Parmalat tenía casi 5.000 millones de dólares en una cuenta de Bank of America. En diciembre, sin embargo, Bank of America anunció que esa cuenta no existía. Parmalat terminó en bancarrota y algunos de sus ejecutivos fueron a prisión por el engaño.

Con mayor frecuencia, la manipulación es más sutil: la empresa sencillamente altera sus prácticas de contabilidad. Los contables tienen un amplio margen de discrecionalidad respecto a muchos aspectos de la cuenta de resultados y el balance de situación, además de poder adoptar diferentes procedimientos y partir de distintos supuestos siempre y cuando los cambios sean razonables y los apliquen de forma sistemática. Una empresa puede cambiar la manera en que valora sus existencias, por ejemplo, o la cantidad que reserva para insolvencias. Cualquiera de los dos cambios dará lugar a un ajuste —positivo o negativo— de la cuenta de resultados y provocará que el resultado neto parezca mejor o peor. Una empresa también puede modificar su calendario de amortización. Si tiene una flota de camiones o aviones y decide que ambas durarán 12 años en lugar de 10, entonces registrará menos pérdida de valor en su cuenta de resultados. Abracadabra: de repente los beneficios netos aumentan una cantidad equivalente. En teoría, cualquier nuevo procedimiento o supuesto que afecte significativamente a los resultados de la empresa debe aparecer en las notas al pie de los estados financieros. Pero los contables son quienes deciden si la nueva manera de hacer las cosas es significativa o no.

La línea entre el fraude y un cambio razonable en los procedimientos no siempre está clara. Una empresa de telecomunicaciones se metió en problemas al categorizar erróneamente un grupo de costes que en el sector todo el mundo incluía en los gastos de explotación como gastos de capital. Puesto que sólo una parte de un gasto de capital —la amortización— aparece en la cuenta de resultados, los beneficios de la empresa mejoraron de forma significativa. Es de suponer que algunas personas de la empresa creían que el cambio estaba justificado. El Departamento de Justicia estadounidense no opinó lo mismo: tildó el cambio de «truco contable» y cursó una acusación contra la empresa.

La moraleja es que vale la pena entender los supuestos y procedimientos empleados para calcular los estados financieros. Las propias cuentas no siempre dicen la verdad, toda la verdad y nada más que la verdad.

Sólo una pieza del rompecabezas financiero

Los tres estados financieros revelan mucho, pero no todo acerca de la situación de una empresa. Por ejemplo, **activos** como terrenos, edificios y equipamiento se registran al valor histórico en el balance de situación y se amortizan en consecuencia, pero en ningún lugar el balance nos dice cuánto valen actualmente en el mercado. (El constante debate sobre la contabilidad en valor de mercado, con la que las empresas utilizan precios de mercado reales o estimados para valorar sus activos, sólo es aplicable a los activos financieros.) Merrill Lynch tenía un montón de activos, como valores garantizados por hipotecas. Pero cuando la burbuja inmobiliaria explotó resultó que esos activos valían mucho menos de lo que nadie había imaginado.

Los tres estados financieros no te informan sobre determinadas realidades financieras, y probablemente una de ellas es el valor de la empresa en su conjunto. El patrimonio neto que aparece en el balance de situación, que quizá pienses que indica valor, en realidad no tiene nada que ver con lo que un comprador tendría que pagar para adquirir la empresa.

Para las empresas con cotización oficial, el valor de toda la compañía se conoce como **capitalización de mercado** o también **capitalización bursátil**. En teoría, esa es la cantidad que un inversor tendría que pagar para comprar todas las acciones de la empresa. Para calcular la capitalización bursátil, basta con multiplicar el precio de la acción por el número total de acciones. El valor cambia todos los días, sencillamente porque el precio de la acción sube y baja. Los movimientos de precio dependen sólo en parte del desempeño que reflejan los estados financieros. También dependen de lo que ocurra en el mercado en general, es decir, el nivel de interés que tengan los inversores por comprar sus acciones. Las acciones de General Electric llegaron a valer 60 dólares durante la burbuja tecnológica de principios de la década del año 2000 y cayeron hasta los 6 dólares en el momento más bajo de la crisis financiera que tuvo lugar pocos años después. Los resultados de la empresa durante los dos periodos fueron algo diferentes, pero la desviación no era ni mucho menos tan grande como la diferencia entre precios de la acción y, por lo tanto, entre capitalizaciones bursátiles.

Por supuesto, es raro que alguien compre una empresa con cotización oficial a un precio próximo a su capitalización de mercado un día cualquiera. Si un inversor o comprador potencial anuncia su intención de hacerse con todas las acciones de una compañía, naturalmente aumentará el valor de las acciones. Por eso los compradores potenciales suelen tener que pagar un recargo con respecto al valor de las acciones el día del anuncio.

El valor de una empresa sin cotización es más difícil de determinar. Una empresa de alta tecnología puede valer mucho más que su **valor contable** o **patrimonio neto** porque el comprador prevé adquirir elementos intangibles como la experiencia en ingeniería o propiedad intelectual. Ninguno de estos dos tipos de activo aparece en el balance de situación. En cambio, una pequeña empresa de servicios como una compañía de marketing o una tienda de bricolaje quizá valga mucho menos de lo que sugiere su patrimonio neto. Sus activos tangibles —computadoras, equipo telefónico, vehículos, existencias— quizá no se hayan amortizado del todo, pero tal vez tampoco tengan demasiado valor en el mercado. En este tipo de empresa, el valor real radica en la experiencia, los conocimientos y los contactos del propietario del negocio. También son importantes las motivaciones del comprador. Si sólo quiere comprar el negocio por sus activos físicos es probable que pague menos que alguien que quiera mantener la empresa en funcionamiento. Quizá el que pague más de todos sea el llamado comprador estratégico: el que necesita la empresa para complementar sus propias líneas de negocio, sus tecnologías o su alcance geográfico.

Más allá de los estados financieros

En esencia, los estados financieros miran hacia atrás. La **cuenta de resultados** y el **estado de flujo de caja** te informan del comportamiento de una organización con respecto a determinadas dimensiones durante un tiempo pasado. El **balance de situación** te ofrece una instantánea de su salud financiera en una fecha determinada. Pero también un negocio necesita saber qué está ocurriendo ahora y qué puede ocurrir mañana. Si sus directivos pueden hacer algo al respecto en el momento presente, aumentarán notablemente su capacidad de generar buenos resultados el próximo trimestre o año.

A continuación describimos tres categorías clave de información que los estados financieros no te darán:

1. La salud no financiera de la organización

La explosión del *Deepwater Horizon* en el golfo de México no fue el mayor accidente que había sufrido BP en los últimos años. Una explosión en la refinería de la compañía situada en Texas City en el año 2005 mató a 15 personas e hirió a 180. El mismo año otra plataforma petrolífera de BP del golfo de México casi se hundió porque, con las prisas para terminarla, los trabajadores habían instalado una válvula de forma incorrecta. En el año 2006 se produjo una fuga en los oleoductos del campo petrolífero de Prudhoe Bay (Alaska) de BP, que acabó vertiendo un millón de litros de petróleo, el peor derrame de la historia en la zona. De algún modo, parecía que la empresa no era capaz de arreglar sus recurrentes problemas de seguridad. En 2009, la revista *Fortune* informaba:

> ... la *Administración de Seguridad y Salud Ocupacional federal (OSHA) propuso una multa récord contra BP por «falta de subsanación» de los riesgos previamente citados en Texas City. OSHA también ha citado a BP por centenares de incumplimientos de seguridad «deliberados». (De acuerdo con el Centro de Integridad Pública, BP cometió un total de 829 incumplimientos de refinería entre junio de 2007 y febrero de 2010. Todas*

las empresas restantes del sector juntas cometieron 33 en total.) Se han producido tres muertes más en Texas City desde la explosión de 2005.

Si una compañía tiene problemas como éstos, probablemente sea poco saludable, es decir, es probable que experimente un problema tras otro, con independencia de lo que digan los estados financieros acerca de su salud financiera.

La seguridad es sólo un aspecto de la salud de una organización (y es mucho más importante en la industria manufacturera y la minería que en el sector bancario, por ejemplo). Otro aspecto es el nivel de implicación de los empleados. ¿A la gente le gusta trabajar en la empresa? ¿Se la recomendarían a un amigo? Para responder a estas preguntas necesitas datos de encuestas realizadas entre los empleados, por ejemplo, e indicadores de recursos humanos como el índice de retención de trabajadores. En los estados financieros no encontrarás esta información.

Las organizaciones saludables también son ágiles: sus empleados pueden tomar y poner en práctica buenas decisiones sin perder el tiempo ni tener problemas innecesarios. Los consultores de Bain & Company Marcia Blenko, Paul Rogers y Michael Mankins, en su libro *Decide & Deliver* (Harvard Business Review Press, 2010), cuentan la historia de ABB, la gran empresa suiza de automoción y equipamiento eléctrico. ABB fue muy alabada durante los años noventa por su estructura radicalmente descentralizada y, durante un tiempo, su desempeño financiero estuvo a la altura de las alabanzas. Pero mientras tanto un mal en particular iba carcomiendo la empresa desde el interior: los empleados tenían que luchar con uñas y dientes para tomar decisiones básicas como presentarse a licitaciones de grandes proyectos. «En conjunto, la empresa estaba estructurada como un complejo laberinto, con miles de unidades que funcionaban de forma independiente —escriben los autores—. Muchas de estas entidades locales controlaban fábricas y, por lo tanto, hacían todo lo posible para vender los productos fabricados en esas plantas, incluso cuando eso implicaba desalentar a los clientes de hacer negocios con otras unidades de ABB.» En la práctica, la compañía se veía incapacitada por su propia estructura. «El hecho de que para tomar decisiones siempre fuera necesario negociar acaloradamente enrareció el ambiente de la empresa.»

Los estados financieros no aportan información directa sobre cómo se toman decisiones en la organización. Muchas empresas recogen datos al respecto a través de encuestas, entrevistas y reuniones de grupo internas con los empleados. Como en el caso de la implicación de los trabajadores, los resultados ayudan a los ejecutivos a entender por qué y cómo puede sufrir el desempeño financiero de la empresa en el futuro.

2. Qué piensan los clientes

En los estados financieros tampoco aparece la actitud de los clientes: su satisfacción con la compañía y sus productos, sus quejas y agravios, su intención de volver a comprar, etc. Y, sin embargo, este tipo de actitudes son indicadores esenciales para el futuro de la empresa. Al fin y al cabo, si una compañía no puede retener a sus clientes y atraer a nuevos consumidores, sus perspectivas de futuro no serán demasiado alentadoras.

Determinar las actitudes de los consumidores precisa varios tipos de investigación. Las encuestas de satisfacción entre clientes que la mayoría de las grandes empresas realizan de forma periódica son un punto de partida. (Aun así, la calidad de los datos suele ser dudosa. Por ejemplo, es posible que una empresa anime a sus clientes a otorgarle la máxima puntuación cuando llame el encuestador, como hacen muchos concesionarios de coches.) Probablemente sea más útil analizar el comportamiento de los clientes. ¿Cuánto tiempo permanecen los clientes con la empresa? ¿Qué porcentaje de ellos sólo compra una vez y luego no vuelve nunca más? ¿Cuál es tu «cuota de bolsillo», es decir, qué proporción de su gasto total en las categorías de tu empresa consigues? Muchas empresas también hacen el esfuerzo de crear comunidades de clientes para que las aconsejen en cuanto a políticas, nuevos productos, etc. LEGO alienta y apoya clubes y congresos de aficionados y a menudo crea nuevos productos a partir de las ideas de los entusiastas clientes que participan en dichas reuniones.

3. Cuáles son los planes de la competencia

Cualquier negocio es vulnerable frente a sus competidores, por lo que cuanto más sepas de tus rivales mejor estarás. Este punto no es nada nuevo y la mayor parte de las empresas dedican mucho tiempo y recursos a intentar prever qué hará la competencia a continuación. Aun así, a menudo los rivales ganan. Considera las siguientes trampas:

- *Ignorar el ángulo muerto.* En los años setenta y ochenta, General Motors, Ford y Chrysler compitieron ferozmente entre ellas... y no se dieron cuenta de que se empezaron a importar desde Japón vehículos de mayor calidad a un coste más bajo. A las tres grandes empresas de Detroit les llevó años llegar al nivel de Toyota, Nissan y Honda en cuanto a calidad y precio. Y mientras tanto las empresas estadounidenses perdieron una gran proporción de su cuota de mercado a favor de las importaciones.

- *Ignorar a los advenedizos.* En otro tiempo Xerox dominaba el mercado de las fotocopiadoras. Cuando llegó Canon con su copiadora pequeña, barata y lenta, diseñada para pequeñas empresas y oficinas domésticas, Xerox no le prestó demasiada atención. Como explica el profesor Clayton M. Christensen de la Harvard Business School en su trabajo sobre la innovación desestabilizadora, es lógico que así fuera: a los clientes de Xerox no les interesaban máquinas baratas y de bajo desempeño. Pero Canon consiguió poner un pie en el mercado y no tardó en mejorar sus máquinas, subir al mercado de los productos de calidad y competir con Xerox de tú a tú.

- *No participar en la siguiente gran novedad.* Nokia, que fue líder en la fabricación de móviles, se vio eclipsada y superada por el iPhone de Apple y otros smartphones. Aunque había lanzado su propio teléfono inteligente, no se dio cuenta del atractivo de las pantallas táctiles. Tan rápida fue su caída que en 2010 Nokia corría el peligro de convertirse en un jugador de segunda fila, sobre todo en Estados Unidos.

Los planes de la competencia no aparecen en ninguna encuesta. Las empresas inteligentes se mantienen muy pendientes de esos planes analizando los informes y las notas de prensa de sus competidores, hablando con analistas y observadores expertos y asistiendo a las conferencias del sector. Una empresa que no preste atención a la competencia lo hace a su cuenta y riesgo.

Tiene sentido que cualquier directivo lea, entienda y se mantenga al día de la situación financiera de su empresa, no sólo de los tres estados financieros clave, que son resúmenes, sino de los datos diarios sobre ingresos, gastos de explotación, realidad versus presupuesto, etc. Pero si confías demasiado en los números y no tienes en cuenta los factores que no reflejan, es probable que acabes teniendo problemas. Para evitar los fallos de Merrill Lynch, BP y otros, busca en todas partes la información que necesites y asegúrate de que la recibes de forma oportuna y útil. Si esperas a ver los estados financieros del último periodo, será demasiado tarde.

John Case es escritor consultor para una gran variedad de clientes, desde Bain & Company hasta el Business Literacy Institute. Es autor o coautor de más de diez libros sobre negocios y administración de empresas.

Las cinco trampas de la medición del desempeño

Andrew Likierman

En un capítulo de *Frasier*, la comedia televisiva que cuenta las aventuras y desventuras de un psicoanalista de Seattle, el hermano del protagonista describe con pesimismo la tarea que tiene por delante: «Difícil y aburrida, mi combinación favorita». Si ésta es tu reacción ante el desafío de mejorar la medición del desempeño de tu organización, no estás solo. Según mi experiencia, para la mayoría de los ejecutivos sénior es una tarea pesada e incluso intimidatoria. En consecuencia, la delegan en personas a quienes juzgar el desempeño quizá no se les dé demasiado bien, aunque sí que dominan el lenguaje de las hojas de cálculo. Eso resulta inevitablemente en una acumulación de números y

Reimpresión de *Harvard Business Review*, octubre de 2009, producto n.º R0910L.

comparaciones que iluminan poco acerca del desempeño de la empresa e incluso puede que den lugar a decisiones que la perjudican. En la recesión actual, es un gran problema, pues el margen de error es prácticamente inexistente.

Así pues, ¿cómo debe un ejecutivo tomar las riendas de la evaluación del desempeño? Debe encontrar medidas, tanto cuantitativas como cualitativas, que vayan más allá del presupuesto de este año y los resultados anteriores para determinar qué resultados conseguirá en el futuro la empresa en comparación con su competencia. Debe ir más allá de datos demasiado simples y fáciles de retocar para adoptar toda una serie de medidas mucho más sofisticadas. Y también tiene que conseguir que la gente se mantenga alerta y cerciorarse de que las medidas de hoy no se refieran al modelo de negocios de ayer.

En las próximas páginas, presentaré las cinco trampas que me he encontrado con más frecuencia a la hora de medir el desempeño de una empresa y explicaré cómo sortearlas. Mis directrices no son exhaustivas, pero sí constituyen un buen punto de partida. En cualquier caso, pueden ayudarte a tomar ventaja con respecto a competidores atrapados en las trampas de siempre.

Trampa 1. Medirte con respecto a ti mismo

Tienes los papeles de la próxima evaluación del desempeño sobre la mesa, con toda su acumulación de números esperándote. ¿Qué son esas cifras? Con toda probabilidad, son comparaciones entre los resultados actuales y un plan o presupuesto. Si es el caso, estás en grave peligro de caer en la primera trampa de la medición del desempeño: fijarte sólo en tu propia empresa. Puede que lo estés haciendo mejor de lo previsto, pero ¿estás ganando a la competencia? ¿Y qué ocurre si las estimaciones estuvieran manipuladas?

Para medir tus resultados, necesitas información sobre los puntos de referencia más importantes: los que están fuera de la organización. Te ayudarán a definir prioridades competitivas y conectar la compensación de los ejecutivos con un desempeño relativo en vez de absoluto, es decir, premiarás a los ejecutivos sénior por hacerlo mejor que nadie.

El problema es que no es fácil compararse con la competencia en tiempo real, que es justamente el motivo por el cual tantas empresas se limitan a medirse en comparación con los planes y presupuestos del año anterior. Debes ser creativo para encontrar los datos pertinentes o a alguien que te los proporcione.

Una manera consiste en preguntar a tus clientes. Enterprise, la compañía de alquiler de coches, utiliza el Índice de Calidad de Servicio Enterprise, que mide las intenciones de repetir compra de los clientes. Cada sucursal de la empresa llama por teléfono a una muestra aleatoria de clientes y les pregunta si tienen la intención de volver a utilizar Enterprise. Si el índice sube, la empresa está ganando cuota de mercado; cuando baja, los clientes están recurriendo a otras compañías. Las sucursales publican los resultados en un plazo de dos semanas, los ponen al lado de los números de rentabilidad en los estados financieros mensuales y los tienen en cuenta como criterios para hacer promociones (de modo que alinean objetivos de ventas e incentivos).

Por supuesto debes procurar no molestar a tus clientes al recoger los datos. Piensa en cómo piden los restaurantes la opinión de sus clientes acerca de la calidad del servicio:

suelen interrumpir la conversación de los comensales para preguntarles si todo está bien y en ocasiones les facilitan un cuestionario con la cuenta. Los dos métodos pueden resultar molestos. Danny Meyer, fundador del Union Square Hospitality Group de Nueva York, consigue la información discretamente, a través de la simple observación. Si en uno de sus restaurantes los comensales están mirándose entre sí, el servicio probablemente esté funcionando. Si miran a otros lados, puede que estén impresionados con la arquitectura del lugar, pero es mucho más probable que el problema sea la lentitud del servicio.

Otra manera de obtener datos es recurrir a profesionales externos a la empresa. Cuando Marc Effron, vicepresidente de Gestión del Talento de Avon Products, quiso determinar si la compañía estaba haciendo un buen trabajo a la hora de encontrar y formar a sus directivos, se le ocurrió la idea de crear una red de profesionales en gestión del talento. Fundada en el año 2007, la New Talent Management Network cuenta con más de 1.200 miembros, realiza investigación original y suministra una biblioteca de recursos y buenas prácticas.

Trampa 2. Mirar hacia atrás

Junto con las cifras presupuestarias, tu evaluación del desempeño seguramente también incluya comparaciones entre este año y el anterior. Si es así, vigila con la segunda trampa, que es centrarse en el pasado. Superar los resultados del año anterior no es el objetivo; un sistema de medición del desempeño tiene que decirte si las decisiones que estás tomando ahora te van a ayudar en los próximos meses.

Busca medidas que impulsen y no reduzcan los beneficios en tu negocio. La compañía de seguros sanitarios de

Estados Unidos Humana, al detectar que sus pacientes más caros son los que están muy enfermos (hace unos años la empresa observó que el 10% más enfermo representa el 80% de sus costes), ofrece a sus clientes incentivos para que se hagan pruebas de detección precoz de enfermedades. Si consigue que más personas reciban un tratamiento precoz o incluso preventivo que otras empresas, en el futuro sus resultados serán mejores que los de la competencia.

La calidad de la toma de decisiones de los directivos es otro indicador de éxito avanzado. Los consejos de administración deben evaluar la sabiduría y la disposición a escuchar de sus ejecutivos de mayor nivel. Un juicio cualitativo y subjetivo sobre un ejecutivo realizado por un consejero independiente con experiencia suele ser más revelador que un análisis formal del historial del ejecutivo en cuestión (un indicador de éxito poco fiable, sobre todo en el caso de un CEO) o del desempeño financiero de su división. (Véase «Evaluating the CEO», de Stephen P. Kaufman, *HBR*, octubre de 2008.)

Puede parecer trivial, pero cómo se presenta la empresa en comunicaciones oficiales suele ser un buen indicador del estilo de gestión de sus ejecutivos. En agosto de 2006 la revista *The Economist* informaba de que Arijit Chatterjee y Donald Hambrick, de la Pennsylvania State University, habían elaborado un índice de narcisismo para evaluar a 105 jefes de empresa a partir de la prominencia de la fotografía del CEO en la memoria anual de la compañía, su protagonismo en las notas de prensa, la frecuencia de la primera persona del singular en las entrevistas con el CEO y su compensación en relación con el segundo ejecutivo mejor pagado de la compañía.

Por último, tienes que analizar no sólo lo que tu empresa y otras hacen, sino también lo que no hacen. Los directivos de un banco de inversión europeo me contaron que ellos miden el desempeño según los resultados de los acuerdos que han conseguido, pero también de los que han rechazado. Si los que rechazan salen mal, cuentan como éxitos. Este tipo de análisis parece obvio una vez formulado, pero he detectado que todos sufrimos un sesgo persistente en centrarnos más en lo que hacemos que en lo que no hacemos. Gestionar bien significa elegir bien, por lo que la decisión de no hacer algo debe analizarse con la misma atención que la decisión de hacer algo.

Trampa 3. Confiar en los números

Buenas o malas, las medidas incluidas en tu evaluación del desempeño se expresan siempre como números. El problema es que los directivos que basan su gestión en cifras a menudo acaban generando toneladas de datos de baja calidad. Piensa en la manera en la que las empresas recogen opiniones sobre el servicio de sus clientes. Los especialistas en estadísticas saben que, si queremos que un formulario de evaluación diga la verdad, debemos proteger el anonimato de los encuestados. No obstante, el deseo de conseguir tanta información como sea posible en los puntos de contacto lleva a las empresas a pedir a sus clientes datos personales y, en muchos casos, los empleados que han prestado el servicio ven como rellenan los formularios. ¿Te sorprende que los formularios que obtienen tus empleados sean siempre favorables si ellos mismos son quienes los administraron? Las evaluaciones negativas tienen tendencia a desaparecer de forma misteriosa.

Las compañías basadas en números también gravitan hacia las medidas más populares. Si creen que deben compararse con otras empresas, pensarán que tienen que utilizar las medidas que utilizan las demás. La cuestión sobre cuál es la medida apropiada se pierde por el camino. Pongamos como ejemplo el Net Promoter Score (NPS) de Frederick Reich, un indicador muy utilizado que mide la probabilidad de que los clientes recomienden un producto o servicio. El NPS resulta útil únicamente si una recomendación es lo que más influye en la decisión de compra; como observan los críticos, la propensión del cliente a cambiar de producto como consecuencia de una recomendación es distinta en función del sector, de modo que, por ejemplo, el NPS seguramente será más importante para un fabricante de comida infantil que para una compañía eléctrica.

Existen problemas similares en relación con la muy publicitada relación entre la satisfacción de los empleados y la rentabilidad. La Cadena Empleado-Cliente-Beneficio promocionada por los grandes almacenes Sears sugiere que, si los trabajadores están satisfechos, los clientes también lo estarán, por lo que generarán más beneficios. Si eso es verdad, el camino está claro: mantén contentos a tus empleados y verás cómo suben tus beneficios. Pero la satisfacción de los trabajadores puede deberse sobre todo a que les gustan sus compañeros de trabajo (es el caso de los abogados) o a que están muy bien pagados y considerados (el caso de los banqueros de inversión). O tal vez les encante lo que hacen, pero sus clientes valoren más el precio que la calidad de servicio (el caso de las aerolíneas de bajo coste).

Una de mis pesadillas es la aplicación de medidas financieras a actividades no financieras. Con tal de justificar su existencia frente a la posibilidad de ser externalizadas, muchas unidades de servicio (como los departamentos de informática, recursos humanos y servicios jurídicos) intentan idear un ROI para defender su causa. En efecto, el ROI suele ser descrito como el grial de la medición del desempeño: una metáfora muy apropiada, pues sugiere que casi con total seguridad se trata de una búsqueda condenada al fracaso.

Supongamos que un directivo de recursos humanos se propone asignar un número de ROI a un programa de formación ejecutiva. Normalmente pedirá a los participantes que identifiquen un beneficio del programa, le asignará un valor monetario y estimará la probabilidad de que el beneficio proceda del programa. Así, un beneficio valorado en 70.000 $ y que tenga un 50% de probabilidades de estar vinculado al programa implica que el beneficio del programa es de 35.000 $. Si el programa cuesta 25.000 $, su beneficio neto es de 10.000 $, un ROI del 40%.

Piénsalo por un momento. ¿Cómo puede justificarse esa presunta relación causal? ¿Con una afirmación del tipo: «Aprendí un algoritmo de producción gracias al programa y luego lo apliqué»? Valorar un programa ejecutivo serio precisa un planteamiento mucho más sofisticado y cualitativo. Primero debemos especificar con tiempo las necesidades de las partes interesadas del programa —participantes, jefes de línea y patrocinadores— y cerciorarnos de que el plan de estudios satisface nuestros objetivos de organización y gestión del talento. Una vez finalizado el programa, tenemos que ir más allá de las evaluaciones inmediatas hasta seis meses después de que los participantes vuelvan al puesto de trabajo; su opinión personal debe incorporarse en la siguiente evaluación anual del desempeño de la compañía. En la empresa de refrescos Britvic, el departamento de recursos humanos valora su programa de orientación ejecutiva haciendo un seguimiento de los participantes durante un año y comparando su trayectoria profesional con la de las personas que no asistieron al programa.

Trampa 4. Manipular las medidas

En el año 2002 se filtró un memorando interno de Clifford Chance, uno de los mayores bufetes de abogados del mundo, en el que se afirmaba que, a raíz de la presión por generar horas facturables, los abogados inflaban sus números y existía un incentivo para asignar a abogados sénior el trabajo que podían hacer empleados más junior y menos caros.

Los abogados no son los únicos: son varias las empresas prominentes a las que han descubierto intentando manipular sus cifras. Desde el año 2004 la multinacional Royal Dutch Shell ha tenido que pagar 470 millones de dólares para resolver varios litigios por su exageración de reservas. Morgan Stanley supuestamente estaba dispuesta a perder 20 millones de euros en una operación de valores para el Gobierno de Finlandia justo antes de cerrar los libros de 2004 con el fin de mejorar su posición en la clasificación mundial de fondos propios.

No podemos evitar que haya gente que manipule los números, por muy prominente que sea nuestra organización. En el momento en el que optamos por basar nuestra gestión en una medida determinada, invitamos a los directivos a manipularla. Las medidas sólo sirven para cuantificar el desempeño. Alguien que sepa cómo optimizar una medida sin tener que mejorar los resultados de verdad tenderá a hacer justo eso. Para crear un sistema eficaz de medición del desempeño, debemos aceptar este hecho en lugar de negarlo o soñar despiertos.

Algo que resulta útil es diversificar las medidas, ya que es mucho más difícil manipular varias medidas al mismo tiempo. Clifford Chance sustituyó su única medida de horas facturables por siete criterios sobre los que basar las bonificaciones básicas: consideración y asesoría, calidad del trabajo, excelencia en atención al cliente, integridad, contribución a la comunidad, compromiso con la diversidad y contribución a la empresa como institución. Las medidas también deben tener varias fuentes (colegas, jefes, clientes) y marcos temporales. En el artículo «Performance Measures: Calibrating for Growth» (*Journal of Business Strategy*, julio-agosto de 1999), Mehrdad Baghai y sus coautores describen cómo medía la compañía japonesa de telecomunicaciones SoftBank el desempeño según tres horizontes de tiempo. El horizonte 1 abordaba acciones pertinentes para ampliar y defender la actividad principal, y sus medidas se basaban en la cuenta de resultados y el estado de flujo de caja actuales. El horizonte 2 abordaba las acciones que llevaba a cabo para desarrollar los negocios emergentes; las medidas procedían de cifras de ventas y marketing. El horizonte 3 abordaba la creación de oportunidades para nuevos negocios; el éxito se medía mediante el logro de hitos preestablecidos. Gracias a niveles múltiples como éstos, resulta mucho más complicado manipular los números y es mucho menos probable que la manipulación tenga éxito.

También podemos variar los límites de nuestra medición ampliando o restringiendo la definición de responsabilidad. Para reducir los retrasos en el cierre de puertas,

Southwest Airlines, que tradicionalmente sólo había aplicado una medida a los agentes de puerta, la amplió para incluir a todo el equipo de tierra —personal que revisa los billetes, personal de puerta y cargadores— de modo que todo el mundo tuviera un incentivo para cooperar.

Por último, es preciso aflojar el lazo entre cumplir presupuestos y desempeño; se otorgan demasiadas bonificaciones con este criterio. Eso lleva a los directivos o bien a inflar los presupuestos para que cumplirlos sea más fácil o bien a reducirlos demasiado para impresionar a sus jefes. Ambas prácticas pueden destruir valor. Algunas empresas lo resuelven dando más libertad a los directivos. El proveedor de material de oficina Staples, por ejemplo, les permite superar el presupuesto si pueden demostrar que hacerlo mejorará el servicio que prestan al cliente. Cuando yo trabajaba como director financiero, ofrecía la posibilidad de revisar presupuestos a lo largo del año, normalmente en el mes tres y el seis. Otra manera de dar flexibilidad presupuestaria es que los objetivos sean intervalos, no números específicos.

Trampa 5. Utilizar los mismos números demasiado tiempo

Como suele decirse, gestionas lo que mides. Por desgracia, los sistemas de evaluación del desempeño pocas veces evolucionan tan rápido como los negocios. Las empresas pequeñas y en crecimiento son más propensas a caer en esta trampa. Al principio, el desempeño es igual a supervivencia, liquidez y crecimiento. Las comparaciones se hacen con la semana pasada, el mes pasado y el año pasado. Pero a medida que el negocio va madurando la atención debe dirigirse hacia los beneficios y la comparación con la competencia.

Es fácil detectar la necesidad de cambio cuando las cosas ya han salido mal, pero ¿cómo evaluar nuestras medidas antes de que te fallen? La respuesta es ser muy precisos a la hora de definir qué queremos evaluar, ser explícitos respecto a las medidas que vamos a valorar y cerciorarnos de que todo el mundo entiende ambas cosas.

El bufete británico Addleshaw Booth (ahora Addleshaw Goddard), buscando una medida para evaluar la satisfacción del cliente, descubrió en una encuesta que sus clientes valoraban sobre todo la capacidad de respuesta, seguida de la proactividad y la mentalidad comercial. La mayoría de las empresas interpretarían que estos resultados significan que hay que maximizar la velocidad. Los directivos de Addleshaw Booth profundizaron en los datos para entender qué quería decir exactamente «capacidad de respuesta». Lo que descubrieron es que debían diferenciar entre clientes. «No existe una fórmula válida para todo el mundo —me explicó un empleado—. Para algunos clientes, tener capacidad de respuesta significa responder en dos horas; para otros, son diez minutos.»

La cuestión es que, si especificas con precisión y claridad el indicador, todo el mundo lo verá fácilmente si no es apropiado para la finalidad que se persigue. Las agencias de clasificación crediticia han recibido muchos ataques porque asignaron puntuaciones AAA a prestatarios de riesgo. En su defensa, las agencias han argüido que los prestamistas interpretaron incorrectamente qué significaban las puntuaciones. La puntuación AAA —explican— se asignaba sobre la base de los registros crediticios de los prestatarios y describía la probabilidad de impago en condiciones normales de mercado; no tomaba en consideración qué sucedería si el sistema financiero sufría una fuerte sacudida. Por muy razonable que parezca la explicación, no sirve de consuelo a quienes pensaban que sabían qué significaban las mágicas AAA.

¿Por qué caen en estas trampas empresas que destacan en tantos otros aspectos? Porque las personas que se encargan de gestionar el sistema de medición del desempeño en general no suelen ser expertas en la materia. Los directivos de finanzas saben hacer un seguimiento de los gastos, controlar los riesgos y aumentar el capital, pero pocas veces entienden la relación entre la realidad de las operaciones y el desempeño. Precisamente son las personas que se esfuerzan por reducir las decisiones a un solo número de ROI. Quienes entienden el desempeño son los jefes de línea, que, por descontado, tienen conflictos de interés en la cuestión.

Así pues, un buen sistema de valoración es el que establece un diálogo fructífero entre los directivos de finanzas y los jefes de línea para que la compañía se beneficie de la relativa independencia de los primeros y la experiencia y conocimientos de los segundos. Parece sencillo, pero como sabe cualquiera que haya trabajado en un contexto empresarial es una tarea más bien compleja. Aunque, bien pensado, ¿quién dijo que el trabajo del CEO sea fácil?

Andrew Likierman es decano de la London Business School, director no ejecutivo de Barclays Bank y presidente del Tribunal de Cuentas Nacional del Reino Unido.

Test de finanzas

¿Cuánto has aprendido?

Es hora de volver a hacer el test de finanzas que hiciste al comenzar esta guía. Te dará una idea de lo que has aprendido y aquello en lo que necesitas profundizar. Las respuestas están al final del test.

1. **La cuenta de resultados mide:**
   a. La rentabilidad.
   b. Activos y pasivos.
   c. La liquidez.
   d. Todo lo anterior.

2. **Una venta a crédito se registra en la cuenta de resultados como un ingreso, ¿pero cómo se registra en el balance de situación?**
   a. Cuentas por cobrar.
   b. Un activo a largo plazo.
   c. Un pasivo a corto plazo.
   d. Flujo de caja de explotación.

3. **¿Qué ocurre cuando una empresa es rentable pero los cobros se retrasan con respecto a los pagos a proveedores?**
   a. La empresa está bien, pues los beneficios siempre se convierten en efectivo.
   b. La empresa tiene muchas posibilidades de quedarse sin dinero.
   c. La empresa debe centrarse en los EBIT.
   d. El estado de flujo de caja tendrá un beneficio neto negativo.

4. **¿Cómo se calcula el margen de beneficio bruto?**
   a. CMV/ingresos
   b. Beneficio bruto/beneficio neto
   c. Beneficio bruto/ingresos
   d. Ventas/beneficio bruto

5. **¿Qué estado financiero resume las variaciones en algunas partes del balance de situación?**
   a. La cuenta de resultados.
   b. El estado de flujo de caja.
   c. Ninguno de los dos.
   d. Ambos.

6. **El EBIT es una medida importante de una compañía porque:**
   a. Es flujo de caja libre.
   b. Resta intereses e impuestos del beneficio neto para obtener una imagen más real del negocio.
   c. Indica la rentabilidad de las operaciones de la empresa.
   d. Es la medida esencial del beneficio antes de costes indirectos y transferencias.

7. **Los siguientes son todos gastos de explotación salvo:**
    a. Costes de publicidad.
    b. Salarios administrativos.
    c. Costes incurridos en investigación y desarrollo.
    d. Entrega de materias primas.

8. **Los recursos propios de una compañía aumentan cuando la empresa:**
    a. Incrementa sus activos con deuda.
    b. Reduce su deuda saldando préstamos con efectivo de la empresa.
    c. Aumenta su beneficio.
    d. Todo lo anterior.

9. **Una empresa tiene más liquidez hoy cuando:**
    a. Los clientes pagan sus facturas antes.
    b. Aumentan las cuentas por cobrar.
    c. Aumenta el beneficio.
    d. Aumenta el beneficio retenido.

10. **¿Cuál de los siguientes ítems no forma parte del fondo de maniobra?**
    a. Cuentas por cobrar.
    b. Existencias.
    c. Bienes inmobiliarios, instalaciones y equipos.
    d. Todos los anteriores forman parte del fondo de maniobra.

Respuestas al test de finanzas

1. **a.** La rentabilidad se mide en la cuenta de resultados. Los activos y pasivos se miden en el balance de situación, mientras que la liquidez se mide en el estado de flujo de caja.

2. **a.** Una venta a crédito significa que un cliente nos debe la cantidad de la compra. La deuda es un activo y aparece en la partida de cuentas por cobrar del balance de situación.

3. **b.** Si no estás recaudando de las cuentas por cobrar a la misma velocidad que pagas a tus proveedores, cada vez necesitarás un mayor fondo de maniobra a medida que la empresa vaya creciendo, por lo que si no lo puedes obtener de otro sitio te quedarás sin dinero. El EBIT es sólo otra medida de la rentabilidad, que no influye en la tesorería. Y el resultado del estado de flujo de caja depende de muchos factores, no sólo de las cuentas por cobrar y pagar.

4. **c.** El beneficio bruto son los ingresos menos el CMV (coste de mercancías vendidas). El margen de beneficio bruto muestra el beneficio bruto como porcentaje de los ingresos, por lo que para obtenerlo basta con dividir el beneficio bruto por los ingresos y convertir el resultado en un porcentaje.

5. **d.** En la cuenta de resultados, el beneficio neto se suma a la partida de beneficio no distribuido del balance de situación una vez pagados los

dividendos. En el estado de flujo de caja, las partidas reflejan las diferencias de efectivo entre dos balances. Así pues, ambos estados financieros resumen variaciones en el balance de situación.

6. **c.** El EBIT, o resultado de explotación, muestra la rentabilidad de la compañía sin tomar en consideración cómo se financia la empresa (concepto que afecta a los costes financieros) ni los impuestos que deba pagar. El EBIT no es flujo de caja libre. Y, de hecho, tiene en cuenta intereses e impuestos para dar una idea de la rentabilidad de explotación. EBIT no es el beneficio antes de costes indirectos y transferencias.

7. **d.** La entrega de materias primas forma parte del CMV (coste de mercancías vendidas), no de los gastos de explotación. Los Costes de publicidad, administración e I+D son todos gastos de explotación.

8. **c.** Un elemento de los recursos propios es el beneficio remanente, es decir, el beneficio no distribuido entre los accionistas en forma de dividendos. Aumentar los beneficios contribuye a aumentar los fondos propios a través de la partida de beneficio retenido. Usar dinero en efectivo para pagar deuda o incrementar el endeudamiento y añadir activos con dicha deuda no son acciones que cambien el patrimonio neto.

9. **a.** La liquidez de una empresa no aumenta hasta que el cliente paga efectivamente su factura. Las

cuentas por cobrar indican flujos de caja en el futuro, no en el presente. Ni el beneficio, ni el beneficio no distribuido influyen en cuándo recibe efectivo una compañía.

10. **c.** El fondo de maniobra es igual a activos corrientes menos pasivos corrientes. Los bienes inmobiliarios, instalaciones y equipos no son un activo corriente; representan inversiones a largo plazo en el negocio.

Glosario

Acciones comunes. Título que representa una participación accionarial en la corporación que lo ha emitido.

Activos. Las partidas del balance de situación en las que invierte una compañía para poder hacer negocios. Son ejemplos el dinero en efectivo y los instrumentos financieros; las existencias de materias primas y los productos acabados, y terrenos, edificios y equipos. Los activos también incluyen los fondos que deben a la empresa los clientes y otros, categoría del activo llamada **cuentas por cobrar.**

Activos corrientes. Activos que se convierten en efectivo con más facilidad: dinero líquido, equivalentes de efectivo como certificados de depósito y bonos del tesoro, cuentas por cobrar y existencias. Según los principios contables generalmente aceptados, el activo corriente es aquel que puede convertirse en efectivo en menos de un año.

Adaptado de *Harvard Business Essentials: Finance for Managers* (producto n.º 8768), Harvard Business Review Press, 2002.

Activos no corrientes. Activos que son difíciles de convertir en dinero líquido; por ejemplo, edificios y equipamiento.

Amortización. Gasto no monetario que en el balance de situación reduce el valor de un activo a lo largo de su vida útil.

Análisis de costes y beneficios. Forma de análisis que evalúa si, en un periodo de tiempo determinado, los beneficios de una nueva inversión u oportunidad de negocio superarán los costes.

Análisis del punto de equilibrio. Forma de análisis que ayuda a determinar cuánto (o cuánto más) necesita vender una empresa para pagar la inversión fija, es decir, en qué momento igualará el flujo de caja.

Apalancamiento financiero. El grado en el que se usa dinero prestado a la hora de adquirir activos. Se dice que una empresa está muy apalancada cuando en el balance de situación su deuda es mucho más grande que sus recursos propios.

Apalancamiento operativo. Grado en el que los gastos de funcionamiento de una empresa son fijos en lugar de variables. Por ejemplo, una compañía que depende en gran medida de maquinaria y se sirve de muy pocos trabajadores para producir sus bienes tiene un alto grado de apalancamiento operativo.

Balance de situación. Estado financiero que describe los activos que tiene la empresa y cómo se financian dichos activos, con fondos de acreedores (pasivos), recursos propios o ambas cosas. También recibe el nombre de **estado de situación patrimonial.**

Beneficio neto. El resultado final de la cuenta de pérdidas y ganancias. El beneficio neto es igual a ingresos menos gastos menos impuestos. También se conoce como **resultado neto** o **resultado del ejercicio.**

Beneficio retenido. Beneficio neto anual que se acumula en el balance de una compañía una vez repartidos los dividendos.

Beneficios antes de intereses e impuestos (EBIT). Véase **resultado de explotación.**

Beneficios por acción (BPA). Beneficios netos de una empresa divididos por el número total de acciones en circulación.

Contabilidad de ejercicio. Práctica contable que registra las transacciones a medida que tienen lugar, se produzca o no un intercambio de efectivo.

Coste de capital. El coste de oportunidad que accionistas y prestamistas podrían ganar sobre su capital si lo invirtiesen en su siguiente mejor oportunidad disponible con el mismo nivel de riesgo, calculado como el coste medio ponderado de las diferentes fuentes de capital de la organización.

Coste de mercancías vendidas (CMV). En la cuenta de resultados, lo que le cuesta a una organización producir sus bienes y servicios. Este número como mínimo incluye materias primas y Costes laborales directos.

Costes directos. Coste incurrido como consecuencia directa de producir un bien o servicio, en contraposición con los gastos generales o los Costes indirectos.

Costes indirectos. Costes que no pueden atribuirse a la producción de ninguna unidad de salida concreta. También reciben el nombre de **gastos generales**.

Cuenta de pérdidas y ganancias. Véase **cuenta de resultados**.

Cuenta de resultados. Estado financiero que indica los resultados financieros acumulados de las operaciones en un periodo específico. También recibe el nombre de **cuenta de pérdidas y ganancias**.

Cuentas por cobrar. Categoría de activo del balance de situación que representa los fondos que deben a la empresa los clientes y otros.

Cuentas por pagar. Categoría de pasivo del balance de situación que representa los fondos que la empresa debe a proveedores y otros acreedores a corto plazo.

Desviación. Diferencia entre los resultados reales y los resultados previstos en el presupuesto. Una desviación puede ser favorable, cuando los resultados reales son mejores de lo previsto, o desfavorable, cuando los resultados reales son peores de lo previsto.

Dividendo. Distribución entre los accionistas de beneficios corporativos después de impuestos.

Estado de flujo de caja. Estado financiero que detalla los motivos por los que se produjeron variaciones de caja (y equivalentes) durante el periodo contable. Más específicamente, refleja todas las variaciones de tesorería relacionadas con actividades de explotación, inversiones y financiación.

Estado de situación patrimonial. Véase **balance de situación.**

Existencias. Provisiones, materias primas, componentes, etc., que una empresa utiliza para realizar sus operaciones. También incluye trabajos en curso —bienes en distintas fases de producción—, así como bienes acabados a la espera de ser vendidos y/o entregados.

Flujo de caja descontado. Método basado en el valor temporal del dinero que calcula el valor determinando el valor actual de los futuros flujos de caja de un negocio.

Fondo de comercio. Si una empresa compra otra compañía por un precio por encima del valor justo de mercado de sus activos, se hace constar como un activo en el balance de situación. Puede representar cosas intangibles como la reputación adquirida por la empresa, su lista de clientes, sus marcas y sus patentes.

Fondo de maniobra. Véase **fondo de maniobra neto**.

Fondo de maniobra neto. Activos corrientes menos pasivos corrientes; la cantidad de dinero que una empresa tiene inmovilizada en actividades de explotación a corto plazo.

Gastos de explotación. En la cuenta de resultados, categoría que incluye gastos administrativos, salarios de los empleados, alquileres, costes de ventas y marketing, y otros gastos empresariales no atribuidos directamente al coste de fabricar un producto.

Gastos generales. Véase **costes indirectos**.

Ingresos. Cantidad de dinero que resulta de vender los productos o servicios a los clientes.

Liquidez. La medida en la que los activos de una empresa pueden convertirse inmediatamente en dinero en efectivo para cumplir con sus obligaciones.

Margen de beneficio bruto. Ingresos de ventas menos el coste de las mercancías vendidas, expresado como porcentaje de los ingresos. La medida más directa de rentabilidad. También se conoce como **margen bruto**.

Margen de beneficio. Porcentaje de cada unidad monetaria de ventas que llega hasta el resultado del ejercicio. El margen de beneficio es el beneficio neto después de impuestos dividido por las ventas netas. También se conoce como **rentabilidad sobre ventas** o **ROS**.

Margen de contribución. En la contabilidad de costes, la contribución que cada unidad de producción hace a los gastos generales y los beneficios, o ingresos netos menos costes directos por unidad.

Margen de explotación. Ratio financiero utilizado por muchos analistas para valorar la rentabilidad de las actividades de explotación de una empresa. Es igual a beneficios antes de intereses e impuestos (EBIT) divididos por ventas netas.

Pasivo. Obligaciones de una empresa contra sus activos.

Pasivo corriente. Pasivos que deben pagarse en un año o menos; normalmente incluyen préstamos a corto plazo, salarios, impuestos sobre la renta y cuentas por pagar.

Patrimonio neto. Lo que queda después de restar el total de pasivo del total de activos. El patrimonio neto es la suma del capital aportado por los propietarios más el beneficio retenido de la compañía a lo largo del tiempo. También recibe el nombre de **recursos propios.**

Periodo medio de cobro. Tiempo medio que lleva recaudar las ventas.

Plazo de recuperación. Tiempo que necesita una inversión para pagarse sola.

Presupuesto. Documento que traduce planes estratégicos en cantidades medibles que expresan la previsión de recursos necesarios y retornos en un periodo de tiempo determinado. Funciona como un plan de acción y presenta una estimación de los estados financieros de la organización en el futuro.

Presupuesto operativo. Previsión de ingresos, gastos y resultado de explotación.

Principios de contabilidad generalmente aceptados (PCGA). En Estados Unidos, conjunto de convenciones, normas y procedimientos aprobados por la Financial Accounting Standards Board, organismo independiente autorregulado. Todas las entidades deben seguir los PCGA al contabilizar sus transacciones y representar sus resultados en los estados financieros.

Ratio de liquidez. El activo corriente dividido por el pasivo corriente. Este ratio se utiliza a menudo como medida de la capacidad de una empresa de hacer frente a obligaciones de próximo vencimiento.

Ratio de cobertura de intereses. Beneficios antes de intereses e impuestos (EBIT) divididos por los costes financieros. Los acreedores se sirven de este ratio para evaluar la capacidad de una empresa para realizar pagos de intereses futuros frente a resultados operativos fluctuantes.

Ratio de deuda. El ratio de deuda sobre los activos o el capital en la estructura financiera de una compañía.

Recursos propios. Véase **patrimonio neto**.

Rentabilidad sobre activos (ROA). Relaciona el beneficio neto con los activos de la compañía y se calcula dividendo el beneficio neto por el total de activos.

Rentabilidad sobre recursos propios (ROE). Relaciona el beneficio neto con la cantidad invertida por los accionistas (tanto inicialmente como a través de beneficios no distribuidos). Mide la productividad de la participación de los accionistas en la empresa y se calcula dividiendo el beneficio neto por los fondos propios.

Rentabilidad sobre ventas (ROS). Véase **margen de beneficio.**

Resultado de explotación. En la cuenta de resultados, margen bruto menos gastos de explotación y amortización. También conocido como **beneficio antes de intereses e impuestos** o **EBIT.**

Resultado del ejercicio. Véase **beneficio neto.**

Resultados netos. Véase **beneficio neto.**

Rotación de existencias. Coste de mercancías vendidas dividido por el inventario medio.

Solvencia. Situación en la que el activo de la empresa supera su pasivo, es decir, el patrimonio neto es positivo.

Tasa crítica de rentabilidad. Tasa de rendimiento mínima que deben alcanzar todas las inversiones de una determinada empresa.

Tasa de descuento. Tasa anual, expresada como porcentaje, a la que un pago futuro o una serie de pagos futuros se reducen a su valor actual.

Tasa interna de rentabilidad. Tasa de descuento a la que el valor actual neto de una inversión es igual a cero.

Valor actual. Valor monetario actual de un pago futuro descontado a algún tipo de interés compuesto anual.

Valor actual neto (VAN). El valor actual de uno o más flujos de caja futuros menos cualquier coste de inversión inicial.

Valor contable de los recursos propios. Método de valoración del balance de situación que calcula el valor como total de activos menos total de pasivos.

Valor contable del patrimonio neto. Valor del total de activos menos el total de pasivos.

Valor económico añadido (EVA). Medida del beneficio económico real calculado como resultado de explotación neto después de impuestos menos el coste del capital empleado para obtenerlos.

Valor futuro. Cantidad a la que un valor actual, o serie de pagos, aumentará a lo largo de un determinado periodo a una tasa compuesta específica.

Índice

Índice

Índice

Índice

Índice

Notas

Notas

Notas

Notas

Notas

Notas

Notas

Consejos inteligentes de una fuente fiable

Guías Harvard Business Review

En las Guías HBR encontrarás una gran cantidad de consejos prácticos y sencillos de expertos en la materia, además de ejemplos para que te sea muy fácil ponerlos en práctica. Estas guías realizadas por el sello editorial más fiable del mundo de los negocios, te ofrecen una solución inteligente para enfrentarte a los desafíos laborales más importantes.